教师教育的实践与思考

——金华教育学院师干训"十年回眸"

阮为文　陈伟震　何宝钢　编著

浙江工商大学出版社
ZHEJIANG GONGSHANG UNIVERSITY PRESS

图书在版编目(CIP)数据

　　教师教育的实践与思考：金华教育学院师干训"十
年回眸" / 阮为文，陈伟震，何宝钢编著. — 杭州：
浙江工商大学出版社，2018.1
　　ISBN 978-7-5178-2516-6

　　Ⅰ. ①教… Ⅱ. ①阮… ②陈… ③何… Ⅲ. ①中小学
－教师教育－文集 Ⅳ. ① G635.12-53

　　中国版本图书馆 CIP 数据核字 (2017) 第 308201 号

教师教育的实践与思考
——金华教育学院师干训"十年回眸"

阮为文　陈伟震　何宝钢　编著

责任编辑	唐　红　梁春晓
封面设计	林朦朦
责任印制	包建辉
出版发行	浙江工商大学出版社
	（杭州市教工路 198 号　邮政编码 310012）
	（E-mail: zjgsupress@163.com）
	电话：0571-88904980，88831806（传真）
印　　刷	杭州五象印务有限公司
开　　本	710mm×1000mm　1/16
印　　张	14.75
字　　数	218 千
版 印 次	2018 年 1 月第 1 版　2018 年 1 月第 1 次印刷
书　　号	ISBN 978-7-5178-2516-6
定　　价	42.00 元

序
Preface

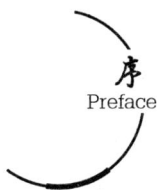

　　"十"这个数字，有着极其丰富的内涵，著名数学家毕达哥拉斯认为"十"是全体和创造的象征。同样，2006年至2015年这十年，对于发展迅速的金华教育学院师干训工作来说，就浸透了全体教职工兢兢业业勤奋工作与创造的汗水。十年间，金华教育学院培训事业不断发展，硕果累累。"十二五"期间被评为浙江省师干训先进集体。来学院的参训人数也翻了几番，由以前的"门可罗雀"变为现在的"门庭若市"，其中的发展也必然包含了许多值得去思考的东西。十年，是一个积累与沉淀的过程，也是一个回望而后奋进的契机。于是，我们想到了要编写一本关于金华教育学院师干训工作2006年至2015年十年历程的书。

　　《教师教育的实践与思考——金华教育学院师干训"十年回眸"》一书分为五章，分别是在改革创新中追求培训事业的发展；校长培训：助推教育教学改革；教师培训：助推教师专业成长；十年培训纪事；十年培训制度。在这本书中，我们以平实而简朴的语言真实地记录了金华教育学院师干训这十年成长发展的足迹。我们希望通过这些关于金华教育学院师干训工作点点滴滴、一路走来的艰辛历程，反映我们金华教育学院人的做人做事方式，也希望透过这本书能让大家了解到金华教育学院师干训工作越来越焕发出旺盛生命力的原因所在。我们相信求真务实的力量，也相信透过这些真实记录的背后会让人懂得——任何一项事业的成功发展都有其必然因素。

回望这十年，我们金华教育学院人因势而变，锐意求新，齐心协力，奋力拼搏，一步一步将学院师干训工作推向一个又一个的高峰。我们有幸亲历了这十年的发展历程，也有幸收获了这如歌岁月的春华秋实。当我们展望下一个十年时，我们坚信金华教育学院师干训工作一定会再攀新高！

编者

2017 年 4 月

目 录
Contents

第一章
在改革创新中追求培训事业的发展

    2006 年至 2015 年这十年，在历史的浩瀚长河中，只是弹指一挥间，但对于金华教育学院师干训工作来说，却是不寻常的十年，是学院跨越式发展的十年。十年历程，学院的师干训工作步履坚实、亮点纷呈、可圈可点。十年间，金华教育学院先后获得浙江省"十五"中小学校长培训工作先进集体、浙江省"领雁工程"理论培训先进集体、浙江省"十二五"师干训先进集体等一系列荣誉，来学院的参训人次也由 2006 年的几千人次飙升到 2015 年的 23850 余人次。据浙江省教师培训管理平台显示，近几年，到金华教育学院来参训的学员满意率均在 99% 以上，管理得分均在 97 分以上，均居金华市乃至全省师干训培训单位的前列，同时学院也先后有多名教师获得浙江省"领雁工程"理论培训优秀导师、浙江省师干训"先进个人"等荣誉称号。的确，这十年，金华教育学院正是通过制定科学规划、健全培训制度、优化培训内容、拓宽培训途径、强化质量监控、创新培训模式、重视培训宣传、开展培训研究等一系列具体举措，从而提高了培训质量，聚揽了参训人气，服务了各类教师，也取得了良好的效益，并得到了广泛的好评。如今，金华教育学院已发展成为浙江省内颇有影响力的省级教师专业发展培训机构，更是金华市教育系统师干训的"黄埔军校"，其师干训工作已逐渐步入了一个科学发展、规范发展、创新发展的可持续健康快车道。

    回望过去金华教育学院师干训工作发展的十年，通过梳理这十年的发展脉络，金华教育学院可以用其坚定而铿锵的步伐告诉人们：现如今学院之所以能够迎来师干训工作的一片"艳阳天"，靠的就是开拓进取、科学规范、创新奋进。

第一节　在改革创新中追求培训实效

十年来，学院始终认真执行教育部《中小学教师继续教育规定》《中小学校长培训规定》以及浙江省教育厅《浙江省中小学教师专业发展培训若干规定》等文件、政策，始终坚持以抓好培训各个环节的管理为中心，以提高培训质量为最强音，按照"适应形势、统筹规划、改革创新、按需施训、注重实效"的原则，强化培训管理、拓宽培训途径、优化培训内容、创新培训模式、提高培训质量，努力构建"全覆盖""高效益""开放式"的中小学教师教育新体系，精心打造精品培训项目，积极宣传并落实"关注中小学""融入中小学""研究中小学""引领中小学"的理念，助力金华市每一位中小学教师专业快速成长，并助推金华乃至浙江教育的深化改革和持续发展，实现学院师干训和中小学改革的互动共赢。

一、深入开展调研，科学规划学院师干训工作

这十年，为使学院师干训工作进一步拓展规模、形成特色、取得实效，2006年至2015年（即"十一五"与"十二五"）期间，学院每年都会由院领导带队专门组织人员深入各县（市、区）进修学校、各中小学开展调研工作，通过召开不同主题、不同类型、不同规模的各种交流会、研讨会、座谈会，广泛听取领导、专家、中小学校长及一线教师的意见。然后结合浙江省及金华市师干训工作的新形势、新政策、新任务和新要求，与时俱进，形成并制订出学院每年的师干训工作计划，以引领全市师干训工作科学化、规范化发展。

作为地市级培训机构，金华教育学院承担的主要任务是金华市的教师培

训工作和金华市的骨干教师（校长）培训工作。根据浙江省师干训中心的要求，学院认真做好师干训培训的各项规划工作，每年都会召开一次市级教师培训工作年会，总结上一年的培训工作、部署本年度的培训任务、研究应重点解决的问题，以确保完成浙江省教育厅规定的培训任务，并努力提高培训质量。

认真科学地做好学院师干训的五年规划、年度计划以及各学科专业的五年规划和年度计划。学院还对金华市区的学校进行了各校师干训五年规划和年度计划的检查。同时，根据上级文件有关精神，做到确保各校每年有20%的教师完成90学时的培训。

认真做好浙江省指令性培训参训对象的规划和推荐以及金华市指令性培训的规划工作。为了提高培训的针对性和实效性，金华市于2013年、2014年、2015年开展了以深化改革为主题的分层分类的市级指令性培训，包括分高中、初中、小学的办公室主任培训、教务主任培训、政教主任培训等中层干部的培训以及学科教研组长的培训，提高了中层及学校骨干的教育教学管理能力和水平。

二、健全培训规章制度，确保各项培训工作圆满完成

这十年，学院不断健全和完善培训的各项规章制度，并对一些具体的培训操作标准和流程进行重新制定。如制定了《教师专业发展培训工作流程及质量要求》《教师专业发展培训相关部门的工作职责》《培训学员手册》《项目制培训考核评价方案》《教师专业发展培训项目管理实施意见》《经费使用管理意见》等。正是因为有了这些管理制度、标准和操作流程，才使学院的师干训工作日趋规范，培训管理体系和实施体系逐步完善，才能应对学院培训量的急速增长形势，确保学院师干训工作能够保质保量地有序进行。这也标志着学院师干训工作已逐步迈向成熟发展的新阶段。从金华全市看，"十一五"与"十二五"这十年期间，金华教育系统的"校长任职资格培训""校长岗位提高培训""名师名校长培养人选培训""幼儿园园长培训""新教师上岗培训""骨干教师培训""教师自选培训"以及各类"指令性常规培训"等一系列师干训工作都规范有序地进行，并且每年都圆满超额地完成了省市各项培训任务。

三、适应新形势新要求，认真抓好教师自主选择培训

2006 至 2015 年这十年，学院的中小学教师培训分为三个阶段。

2007 年以前，实行的是指定的教师培训模式，即每年由金华教育学院根据学段学科进行分类，拟定暑期中小学教师继续教育（培训）计划，然后由金华市教育局下文件，再组织中小学教师报名，最后由金华教育学院在暑期组织中小学教师进行培训，每人每年参加 48 学时的培训。

2007 年至 2011 年，根据金华市教育局的要求，实行以网络培训为主，以集中培训为辅的中小学教师继续教育政策。金华教育学院与杭州师范大学继续教育学院开展合作，借用杭州师范大学继续教育学院的网络培训资源和平台，每年在平台上开设数百门网络培训课程，由中小学教师在每年的六月底进行报名选课，暑期通过网络进行学习并完成作业。中小学骨干教师的培训则以集中培训的形式进行，每人每年参加 48 学时的培训。

2011 年以后，为深入贯彻落实全国教育工作会议精神、《国家中长期教育改革和发展规划纲要（2010—2020 年）》和浙江省教育工作会议精神、《浙江省中长期教育改革和发展规划纲要（2010—2020 年）》，不断提高浙江省中小学教师的职业道德、专业知识和教学技能，努力造就一支师德高尚、业务精湛、结构合理、充满活力的高素质专业化教师队伍，浙江省教育厅从 2011 年 7 月 1 日开始实施《浙江省中小学教师专业发展培训若干规定》（以下简称为《若干规定》），这是加强教师专业发展培训，积极推进教育改革，促进教育科学和谐发展的一项重要举措；也是深入实施素质教育，全面提高教育质量的必然要求；更是广大教师加快专业发展、实现自身价值的内在需求和迫切愿望。该《若干规定》坚持以促进教师专业发展为本，突出强调教师培训必须充分体现教师的自主选择性，调动教师参与培训的积极性；充分体现教师培训机构的竞争性，大力提高教师培训的针对性和有效性。这标志着浙江省教师教育培训制度的重大改革，教师培训自此开始实行

"培训机构开放竞争、教师自主选择培训课程"的培训新机制。

面对培训工作的新形势、新要求与新挑战，金华教育学院迎难而上，严格执行浙江省教育厅的自主选课时间节点及流程要求，积极抓好自主选择培训的每一个环节。从培训调研到项目研发，再到组织学院项目管理领导小组进行认真审核，接着到项目上传、教育局审核，学员报名审核、录取，最后确认开班。然后按计划办班，做到一环紧扣一环。经过努力，几年下来，来学院的参训人员不断飙升，屡屡刷新纪录，从 2011 年全年 8000 多人次，到 2012 年及 2013 年约 10000 人次，再到 2014 年的 14000 多人次，而 2015 年全年参训人员更是创新高——达到了 23000 余人次！近年来，金华教育学院通过不断强化管理、开拓创新、提高质量，促使学院师干训工作发展势头看涨，一年比一年更"红火"。

四、开拓培训范围，积极承担省重点培训项目

承办浙江省重点培训项目，是学院开拓培训范围、追求高层次培训的体现，学院领导十分重视。从 2013 年开始金华教育学院承担了 2 个省重点培训项目：浙江省小学骨干校长培训班，报名 61 人，实际参训 61 人；浙江省幼儿园园长培训班，报名 60 人，实际参训 47 人。通过对省级重点培训项目方案的研发与实施，学院进一步加强了团队的建设，提升了学院的培训层次，促进了培训工作的深化和培训质量的提高。2014 年，学院继续努力，积极组织申报并承担了 7 个省级重点培训项目，在数量上有了大的突破。其中浙江省农村初中校长培训班 40 人，浙江省民办初中校长培训班 40 人，浙江省小学骨干校长培训班 40 人，浙江省农村小学校长培训班 40 人，浙江省小学培训者培训班 40 人，浙江省幼儿园园长培训班 40 人，浙江省小学科学学科带头人培训班 40 人。浙江省教育厅教师培训管理平台的考核成绩均在 98 分以上。2015 年，在省重点培训项目参训人数全省整体下调三分之二的情况下，学院积极申办，共有 8 个项目获批，最后承办了 7 个省级重点培训项目。其中浙江省初中骨干校长培训班 2 个，参训 82 人；浙江省小学骨干校长培训班 1 个，参训 41 人；浙江省初中培训者培训班 1 个，

参训 29 人；浙江省中学体育学科带头人培训班 1 个，参训 28 人，浙江省初中英语学科带头人培训班 1 个，参训 26 人；浙江省初中语文学科带头人培训班 1 个，参训 10 人。

五、创新培训模式，打造师干训自身品牌

随着全面培训的不断深化，教师对培训的要求越来越高，培训的难度也越来越大。只有持续不断地满足学员日益变化的需求，改进培训的方式方法，创新培训模式，才能适应培训的新常态。

为此，学院十分重视培训模式创新。从 2007 年开始，学院在与杭州师范大学继续教育学院合作开展网络培训的过程中，将杭州师范大学的网络课程资源进行整合，形成了由学院制定培训主题、学员自主选课参加网络学习的培训模式；从 2011 年开始，为了解决学校教师培训的工学矛盾，以及提高培训的针对性和有效性，学院探索了根据中小学校需求而实施的订单式"助推教改、送培入校"模式，还有基于培训者与学员、学员与学员之间的集群互动学习与交流，构建了"集群式互动"培训模式；从 2013 年开始，为了使培训更贴近中小学实际，学院将浙中名校成功的教育教学改革成果纳入培训课程，形成了"走进浙中名校现场"模式；从 2014 年开始，为了实现培训与教研的结合，学院将课堂教学研究与培训相结合，由学院项目负责人和金华市教研员合作开展了"研训一体"模式；同时，从 2014 年开始，学院还充分利用金华市乃至浙江省特级教师和名师资源，形成了以观摩课为主要形式的"名师大课堂"模式。近年来，学院已经打造了"走进浙中名校""走进浙中名师""浙中好课"等一系列品牌培训项目，也已初步形成了课堂技术改进系列、信息技术应用能力提升系列、班主任专业发展、教师形象的塑造与维护、家庭教育实践与指导、时尚健身系列等自身品牌项目，吸引了一大批来自全省各地的中小学校长和教师前来参训。

六、重视培训宣传，扩大学院师干训影响力

要做好培训工作，提高培训质量，扩大学院师干训影响力，离不开培训

的宣传工作。近年来，学院通过三大举措抓好抓实师干训宣传工作。

一是抓好培训政策的宣传。通过及时宣传培训政策，以提高教育行政部门及相关人员、培训机构及从事培训工作的人员、中小学幼儿园参训教师等对培训工作重要性的认识。通过召开各县（市、区）培训工作年会、市直属学校（单位）培训工作年会，来加强对培训政策的宣传和培训工作的研究；通过每年召开2—3次的学院项目负责人培训工作研讨会，向培训者传达培训政策的新变化，并及时根据变化研究提高培训质量的新举措；通过组织高中、初中、小学及幼儿园的校本培训的管理员培训，及时宣传相关的培训政策要求，指导学校如何抓好培训工作，提高培训实效性。

二是抓好培训动态特色的宣传。学院要求每一个培训项目结束后，项目负责人都要认真进行总结和梳理，将培训的过程、特色、图片、数据及参训者反馈等形成培训新闻报道，然后通过金华教育学院网站、金华教育学院微信公众号、金华教育网、《金华晚报》、浙江省中小学教师继续教育网等媒体及时进行报道宣传。学院每年都有近百篇培训主题的新闻稿在上述媒体上公开发布。

三是抓好培训成果的宣传。学院于2014年专门拍摄了培训纪录片，并在2014年学院承办的浙江省设区市培训机构负责人会议上进行了播放。同时，《都市快报》于2015年11月25日对学院培训工作取得的成效做了一个版面的专题报道。此外，学院还开展了评选并表彰学院十佳优秀培训师、十佳精品培训项目等活动。学院正是通过这一系列对培训成果的宣传活动，进一步扩大了学院师干训的影响力，也有力地提升了学院师干训的品牌效应。

七、开展培训研究，形成科研促培训发展的氛围

这十年，随着学院师干训工作的蓬勃发展，相关的科研工作也顺势而上，取得了一些成果。学院在自己办的《金华教育学院学报》上，专门开辟了师干训研究学术专栏，每期都会刊登培训教师及参训学员的优秀研究论文。近年，学院又成立了教师专业发展培训研究所，专门从事教师培训工作

研究。同时学院激励教师申报师干训省级课题并撰写培训研究论文，学院副院长吴惠强教授领衔的"教师培训机构培训能力提升研究"被立项为浙江省教师教育重点研究课题，并有多篇培训相关学术论文在《教育研究》《中小学教师培训》等专业核心杂志上发表，其他教师也有很多培训研究论文在各级学术刊物上公开发表。

学院积极开展培训模式的创新研究。近年来，学院相继对"助推教改、送培入校""集群式互动培训""走进浙中名校系列培训"等一系列新的培训模式进行了探索性研究，还开展了"名师大课堂"培训、"走进浙中名师"等培训项目的深入研究。通过不断加强创新研究，有利于让学院的师干训培训更贴近中小学实际，更接地气，同时有利于将中小学教育教学改革的最新成果有效地开发成最新的培训资源，极大地提高了培训的实效性。

八、强化质量监控，确保师干训的实效性

质量监控是确保教师培训质量的有效措施。金华市在 2014 年 3 月 27 日就成立了金华市中小学（幼儿园）教师培训质量监控中心，由金华市教育局分管领导杨卫玲同志兼主任，学院分管副院长、市教育局人事处处长兼副主任，各县（市、区）教师进修学校校长任组员。并下发了《金华市教育局关于进一步加强中小学教师培训质量管理工作的通知》（金市教人〔2014〕20 号）文件与《关于组织开展金华市 2014 年下半年教师培训质量监控工作的通知》（金市教办人〔2014〕15 号）文件，并于 2014 年 12 月，组织人员分三个组对各县（市、区）教师培训质量进行了检查，内容包括听取汇报，查看档案材料，召开教师座谈会，进行访谈分析汇总，反馈提高等。

为了进一步加强培训机构自身过程管理与考核，学院专门建立了培训的巡查制度，由干训处安排人员每天对每一个培训项目进行检查记录。检查内容包括：培训班别、上课地点、报名人数、实到人数、项目负责人姓名、培训中好的做法、存在的问题及建议、检查时间等，要求一旦发现问题必须及时处理，还要求检查人员对每个培训班上课情况进行拍照留存。学院同时还要求各项目负责人在培训中必须做到五个严格：严格培训项目专职管理人员

制度，严格实施培训项目日志管理制度，严格参训学员纪律管理，严格培训承诺落实，严格学员学习过程评价及考核制度。此外，学院每学期期末都会组织召开一次培训工作研讨会，对一学期以来的培训工作进行总结与反思，肯定取得的成绩及经验，分析存在的问题及原因，交流培训工作的做法及体会，并提出加强培训工作管理的要求。同时，建立参训教师、培训机构、培训者相互评价、相互制约机制，狠抓教师培训过程管理，以提高培训质量及实效性。

第二节　六大经验擎起师干训"艳阳天"

十年来，学院的师干训工作在量和质上都有了跨越式的发展和突破。发展至 2015 年，来学院参加集中培训的人数这一年达到 23800 余人次，培训项目数已上升到 480 多个，都创历史新高。可以说，学院师干训工作正蒸蒸日上，呈现出一片"艳阳天"的大好前景，而这片"艳阳天"的形成完全得益于"六大经验"。

一、各级领导重视，建立研究机构

"十一五""十二五"期间，浙江省委、省政府从推动全省教育事业发展的高度，把师干训工作作为一项战略性、基础性工作来抓。金华市委、市政府也十分重视金华教育系统师干训工作，时任金华市委书记徐加爱、市长暨军民、副市长林丹军多次到金华教育学院视察并指导工作；金华市教育局党委书记、局长徐志坚同志更是对金华教育学院的发展寄予了殷切的希望，他希望教育学院师干训工作要为金华的中小学教育改革和发展服务，要培养一批"充满改革动力和改革能力"的校长和教师，金华教育学院要成为金华教育系统的"黄埔军校"。同时，省市有关领导也会不定期地来学院进行师干训工作的中期检查和末期评估等。2015 年，根据《金华教育学院研究机构管理办法》，为了有效解决教师专业发展培训过程中发现和存在的问题，提高培训的质量和效益，学院将培训工作和科研工作有机结合，努力营造浓郁的研究性培训文化和学术氛围，以使培训内容更具科学性、合理性、有效性，进而为学院争创培训品牌，形成培训特色打好基础。为此，学院专门成立了"金华教育学院教师专业发展培训研究所"，并提出了三年工作目标，该研究所将重点研究师干训工作的规律特点、培训模式、课程设置、内容安排、方法手段等问题，从而确保学院师干训工作有序、有效地开展。

二、坚持合作共赢，紧密联系学校

十年来，学院先后与金华市婺城区教育局、金东区教育局、金华市经济技术开发区教育局、金华山旅游经济区社会事业和宗教管理局就教育改革及教师专业发展培训达成了战略合作，并签署了相关合作协议，共同为区域教师专业发展做好统筹规划，促进教师培训工作协调发展。学院与金华市教研室、金华市教科所、金华市教育信息和技术中心等开展深度合作，整合教科研及信息技术等资源，服务中小学。学院还与金华五中、金师附小签订了教师专业发展合作协议，并确定了金华市外国语学校、金华四中、金师附小、金华市环城小学、金华市东苑小学、金东区实验小学、金东区孝顺小学、武义县壶山小学、兰溪市锦绣国际幼儿园、义乌市廿三里初中、永康市解放小学、东阳市外国语小学、东阳市横店中心小学、浦江县实验小学、义乌市后宅中学、金华市海朵幼儿园等十多家单位为"走进浙中名校"项目学校。同时学院与金华电大、浙江交通技师学院、金华一中、金华市秋滨小学等20余所学校一起打造了"助推教改，送培入校"的培训项目。学院通过走合作道路，拓展教师专业发展培训协作，从而不断提升中小学在职教师的专业素养和区域影响力。

三、坚持全院战略，提升培训定位

在金华教育学院，每一位党委委员都有自己联系的培训项目，上下联动，全员参与。党委书记何宝钢教授、院长胡吉省教授、副书记兼副院长吴惠强教授等院领导多次为校长任职资格班、书记班及各类培训班学员上课，并屡次亲自担任教师培训组班班主任。学院领导带头上培训课，带头负责培训组班，一时间在全院形成了浓厚的"人人重视，人人参与"的"全覆盖"师干训良好氛围。同时，在新制定的金华教育学院高校教师专业技术职务评聘制度中设立了"培训为主型"的教师职务类别，明确了"参与培训的工作量""省培项目相当于省级科研项目""每年 100 课时的中小学实践"等政策；在绩效考核方案中，更加明确了"培训班授课课时双倍计算"的规定；学院还为项目负责人提供一定的培训专项科研经费。

四、坚持示范引领，全面保障质量

教师培训质量的监管是教育行政部门的重要工作。金华市教育局在建立监控中心、加强监管的同时提出了要发掘、表彰一批教师培训精品项目和一批培训优秀教师的措施，希望通过榜样引领提升金华市中小学教师培训的质量。典型示范引领，这既是金华市教育局的要求，也是金华教育学院质量保障的重要策略。2014 年，学院评出了"十佳培训师"和"十佳精品培训项目"，让长期为培训工作付出的教师收获了来自组织的精神肯定。同时，优秀培训项目研发经验分享已成为学院年度的常规工作，学院吴克强副教授设计的"教师形象的塑造与维护"项目在省进修学校培训班上交流。让优秀培训师拥有成就感，将有力地激发培训工作者投身教师培训事业的持续热情和不竭动力，从而提升培训工作者的职业幸福指数，实现培训质量保障的"由内而外"。

五、坚持建强队伍，提升保障底气

"育人者必先受教育"。只有具备较高素质、能力和修养的教师，才能更好地驾驭师干训培训的课堂，才能通过教学实现培训目的和任务。可见，提升师干训教师队伍的专业水平、教学影响力对整个师干训工作的发展至关重要。为此，学院十分注重三支培训队伍的建设：专职培训者（项目负责人）队伍建设，培训师资（培训主讲教师）队伍建设，培训后勤保障队伍的建设。为了建设打造团结合作、积极向上、和谐融洽的培训团队，学院每年至少组织召开两次项目负责人会议，组织一次培训工作经验交流与研讨会。通过交流与分享，问题讨论与研究，提高项目负责人的培训能力和水平。学院组织了以团队建设为主的项目负责人拓展训练活动；组织学院项目负责人到浙江省中小学教师培训中心、舟山学院参加培训者业务培训。每年推荐多位教师参加国家级培训者培训和省级培训者培训；组织部分项目负责人到北京、上海、四川参加培训者培训；学院还建立了客座、兼职教授的管理制度，专门下发了《关于公布教师专业发展培训客座、兼职教授名单的通知》，先后公布了两批金华教育学院特聘教授和兼职教授名单，建立了培训师资库。共聘请了来自教育行政、高校、研究机构及中小学一线的 12 位客座教授、120 位兼职教授，壮大了学院教师培训的兼职教师队伍。此外，学院重视后勤、保卫、财务、图书馆队伍的建设，强化服务意识全面提升服务品质。学院按照管理精细化、服务规范化的要求努力为来学院参加培训的学员提供良好的学习、生活环境，在住宿、用餐、文体活动等方面提供周到细致的服务，确保让每一位学员在培训期间做到学习满意、生活舒心。

六、坚持学员为本，赢取高满意度

培训工作的目的就是促进参训学员的专业成长与发展，帮助其提高教育教学及管理的能力和水平，并最终落实在教育教学改革的行为上，因此，培训效果到底怎么样，一定程度上取决于参训学员的满意度，可以说，参训学员的满意度既是培训工作的生命线也是归宿点。十年来，学院始终把参训学员置于整个培训工作的中心位置，认真研究他们的学习动机、学习方法和学习成效，形成"在前沿、在现场、在其中"的"三在"教师专业发展培训指导思想，并强化聆听、体验、交流、反思，通过不断提升学员参加培训的获得感，从而赢取学员的高满意度。据统计，近几年来金华教育学院的参训学员满意率均在 99% 以上，管理得分均在 97 分以上，均居金华市乃至全省师干训培训单位的前列。

回望金华教育学院这十年的师干训历程，可谓足音铿锵，这是机遇与挑战并存的十年，也是传承创新、继往开来的十年，更是持续发展、成效卓著的十年。"雄关漫道真如铁，而今迈步从头越"，今后，学院也将继续以"质量是培训的生命"为理念，力争在今后三五年内着力培育一批精品培训项目，建设一支优秀培训师队伍，形成一套规范化的培训管理流程，进一步创新培训模式，促进中小学教师和校长的专业发展，积极引领中小学的教育改革和发展，不断打造学院的培训品牌。我们完全有理由相信金华教育学院的师干训工作现如今已进入了快车道，正驶向打造精品、培育品牌、引领中小学改革和发展的可持续健康发展轨道。

第二章
校长培训：助推教育教学改革

　　人民教育家陶行知先生早就指出：校长是学校的灵魂。从某种意义上说，一位好校长就是一所好学校。中小学校长的素养和水平对于一所学校乃至整个基础教育事业的发展都起着至关重要的作用。正因为如此，世界各国都十分重视校长培训工作，许多国家还通过教育立法来加强校长培训工作，使之规范化、法制化。如加拿大安大略省颁布的《校长任职资格计划指南》就指出"校长的领导对于学校的成功是关键性的。……任职资格计划的主要目的是为校长进一步发展其有效的领导和管理学校所需的能力、知识、技能以及应有的工作态度提供机会，并且帮助校长树立终身学习、不断进取的责任感"。我我国，原国家教育委员会于 1989 年 12 月 19 日颁布了《关于加强全国中小学校长培训工作的意见》，在全国范围内启动百万校长培训工作，用了 5 年时间，对全国 100 万名中小学校长进行岗位培训。1994 年，在岗位培训的基础上，启动了第二轮校长培训，即提高培训。1999 年 12 月 30 日，时任教育部部长陈至立签署了 8 号部长令，颁布了《中小学校长培训规定》（中华人民共和国教育部令第 8 号），其中第一章第五条规定："参加培训是中小学校长的权利和义务，新任校长必须取得'任职资格培训合格证书'，持证上岗。在职校长每五年必须接受国家规定时数的提高培训，并取得'提高培训合格证书'，作为继续任职的必备条件。"从此，我国的校长培训也进入了制度化、规范化、常态化的轨道。

金华教育学院作为金华市中小学教育干部培训中心，一直以来致力于抓好校长培训工作，特别是近十年来，由于金华市教育局的重视，学院全体上下共同努力，中小学校长培训工作扎扎实实、有序有效地进行着，开展了新任校长的任职资格培训、在职校长的提高培训、名校长培养人选以及名校长的高端培训，还开展了中小学校的中层干部培训等。培训工作坚持以国家有关校长培训的法律法规为依据，以校长的需求为基础，以提高校长的管理能力和水平为目标，不断创新培训模式，提高培训质量，取得了较大的成效。

第一节　校长任职资格培训

根据《中小学校长培训规定》第七条，校长任职资格培训是指"按照中小学校长岗位规范要求，对新任校长或拟任校长进行以掌握履行岗位职责必备的知识和技能为主要内容的培训"。培训时间累计不少于 300 学时，其参训对象是中小学（包括公办和民办）新任命或拟任命的校长。金华教育学院承担的校长任职资格培训主要有金华市中学（公办、民办高中和初中）校长任职资格培训与金华市部分县（市、区）小学（公办、民办）校长任职资格培训。

一、培训目标

校长任职资格培训的总目标可以描述为"应知""应会"，即通过培训，使新任校长具备从事学校管理工作的"应知""应会"的知识与能力。

教育部在 2001 年颁布的《中小学校长任职资格培训指导性教学计划》中对培训目标做出了如下规定：通过培训，帮助校长树立正确的办学思想，具有履行职责必备的思想政治素质、品德修养、知识结构和管理能力。具体目标如下：

（1）掌握邓小平理论的基本观点，熟悉邓小平教育理论，明确办学方向；熟悉国家的教育法规和政策，具有依法治校的意识和能力。

（2）了解当代社会发展形势和国内外教育改革与发展动态，了解教育科学新知识，掌握素质教育基本理论和教育科研的基本知识、方法，提高组织实施素质教育的能力和水平。

（3）了解现代管理科学知识，掌握现代学校管理理论和方法，了解现代教育技术发展情况，提高科学管理学校的水平。

（4）树立开放性的终身学习观，增强自我学习能力和自我发展能力，提高人文和科学素养。

这些目标反映了国家对校长的要求，体现了国家的意志。同时，这些目标也是比较笼统和概括性的。而学院组织的是金华市中小学校长的培训，还需要从金华市基础教育和中小学校长的实际出发，在国家规定的总体培训目标要求下，针对具体的培训班级，不同的培训对象，确定不同的培训目标要求。十年来，学院开展的校长任职资格培训可分为两个阶段：第一个阶段，2006 年至 2010 年，即"十一五"期间的校长任职资格培训，基本上是按照教育部的《中小学校长任职资格培训指导性教学计划》要求进行培训，确定培训目标，开设培训课程，开展培训；第二个阶段，2011 年至 2015 年，即"十二五"期间，考虑到新任校长在当校长之前，均参加过比较多的教育理论方面的培训，因此，我们在组织开展校长任职资格培训时，重点突出两个方面的学习：一是学校管理理论的学习，二是教育政策法规理论的学习。学院也是在这种思想的指导下，确定培训目标，设置培训课程，组织培训活动的。同时，在举办校长任职资格培训班前均进行调研，根据学员的不同层次、需求及当时的教育形势要求，提出了差异性的培训目标，将校长的任职资格培训分为金华市中学校长任职资格培训和金华市小学校长任职资格培训。

学院确定的"十一五"期间金华市中小学校长任职资格培训目标要求是：

（1）通过培训，进一步明确中小学校长的工作职责与要求。

（2）通过自学和听理论讲座，比较系统地掌握校长从事中小学学校管理工作所必备的理论知识。主要包括学校管理理论、教育理论、教育政策法规理论、现代教育技术等四大块内容。其中重点是学校管理理论和教育政策法规理论。

（3）通过聆听名校长的经验介绍、赴名校的参观考察学习和跟岗实践，掌握比较丰富的中小学学校管理的技术和方法。

（4）通过校长沙龙、主题研讨与论坛，加深对一些基础教育热点、难点问题的认识与研究。

（5）通过跟岗实践和在岗实践，促进新任校长的角色转变。

二、培训课程

培训课程设置是根据培训目标以及培训对象的实际需求，在培训期间开设的学员学习的课程。如前所述，近十年来金华市中小学校长的任职资格培训分两个阶段。第一个阶段，2006年至2010年，即"十一五"期间的校长任职资格培训，其培训的课程设置基本上按照教育部《中小学校长任职资格培训指导性教学计划》的课程设置进行，即中小学校长任职资格培训以掌握履行岗位职责必备的基本知识和技能为主要内容，课程设置以"应知""应会"为重点，适当增加一些地方特色的课程。而第二个阶段，2011年至2015年，即"十二五"期间，则对培训课程设置做了较大的改动，遵循"宽基础＋活模块"和"统一性＋灵活性"的指导思想，立足于新任校长的实际需求确定培训课程。

教育部《中小学校长任职资格培训指导性教学计划》中的中小学校长岗位任职资格培训课程设置如下：

中小学校长岗位任职资格培训教学计划表

课程	专题	学时	教学目的和要求	主要内容
省定必修课程	邓小平理论与科学发展观	10	领会邓小平理论的基本观点和基本精神，系统钻研和理解邓小平教育理论；学习和掌握科学发展观的精神实质，并贯彻落实于教育管理实践中	1.邓小平教育理论 2.当代中国政治经济发展与教育 3.科学发展观的基本要求、精神实质和深刻内涵
	现代教育理论与实践	50	掌握现代教育基本理论，理解并自觉实施素质教育，提高实施素质教育的能力和水平；掌握现代课程理论，了解我国课程改革相关问题；了解并掌握心理学的相关知识	1.素质教育理论与实践 2.现代德育基本理论 3.现代课程论和教学论 4.基础课程改革理论 5.教育心理学 6.中外教育简史
	教育法制基础	30	了解教育法制的基本理论知识，熟悉我国现行教育基本法规，树立依法治校的意识，提高依法治校能力	1.教育法制基础知识 2.国家现行教育法规 3.地方现行教育法规和规章 4.教育法律纠纷典型案例分析
	学校管理理论与实践	50	掌握现代管理基本理论知识和学校管理的基础知识、基本技能，熟悉学校管理基本规律，了解先进的学校管理经验，提高科学管理学校的水平	1.学校管理理论与实践 2.学校管理心理学 3.学校领导素质与艺术专题 4.学校管理案例分析
	中小学教育科学研究方法	20	增强科研意识，掌握学校教育科研的基本知识和方法，结合学校工作实际组织教育科研，提高科研能力和学校科研管理水平	1.中小学教育科研基础知识 2.中小学教育科研主要方法 3.中小学教育科研组织管理
	现代教育技术基础	20	了解现代教育技术及在学校的应用，初步掌握计算机基本知识及操作	1.现代教育技术基础知识 2.计算机操作与应用
地方选修课程	领导力提升	60	深入了解当代社会文化发展状况及对教育的影响，了解最新教育科学、学习科学发展动态，明确学校特色发展在学校中的地位，初步具备运用现代管理理论指导实践的能力	1.当代人文与社会科学 2.学校公共关系基础 3.学校文化与教师专业发展 4.学校财务与预算管理 5.当代学习科学进展 6.教育公文写作
省定综合实践课程	领导力提升	60	提高校长运用理论分析和解决学校管理实际问题的能力	1.在当地有关学校进行实地考察 2.到发达地区进行教育考察、挂职锻炼 3.研讨交流，分析案例
总计		300		

开设的课程 11 门，列表如下：

中小学校长岗位任职资格培训课程表

课程名称	授课教师
邓小平理论与科学发展观	毛继书、陈鸿
学校管理理论与实践	陈志沛、阮为文
学校管理心理学	汪金翎
当代教育学	傅梅芳
当代教育理论	徐高虹
中国传统文化与教育	胡吉省
中小学教育科学研究方法	吴飞忠

课程名称	授课教师
教育法制基础	茅珠芳
科学发展史	何宝钢
中外教育简史（教育家的教育思想）	张慧忠
现代教育技术	杜祖平

开设的培训专题有 18 个，列表如下：

中小学校长岗位任职资格培训专题表

专题名称	主讲老师
中小学学校特色文化建设	陈伏亮
教师的专业成长	肖远军
校长领导力探讨	肖远军
新《义务教育法》解读与依法治教	肖远军
教育可持续发展战略	应恩民
教育发展新阶段的形势和任务	应恩民
新课程背景下的校长角色	许璋
人力资源管理	高枫
中小学人事制度改革	戴玲
做一个合格的中学校长	戴玲
构建和谐社会	严燕飞
校长的人文素养	吴克强
中小学教师职业规范管理	杨天平
中小学公共关系管理	杨天平
论文写作指导	胡吉省
中国基础教育改革新进展	蔡铁权
做一个聪明的校长	李春玲
创建学习型组织	李春玲

以下是部分校长任职资格培训课程表：

2006 年金华市中学校长任职资格培训课程表

日期	星期	课程与教师		晚上 6：00—8：00
		上午	下午	
10.16	一		报到	自学或到阅览室看书查资料
10.17	二	开学典礼。学校管理理论与实践（陈志沛）	人力资源管理（高枫）	
10.18	三	学校管理理论与实践（陈志沛）	学校管理心理学（汪金翎）	

教师教育的实践与思考——金华教育学院师干训『十年回眸』……

日期	星期	课程与教师		晚上 6：00—8：00
		上午	下午	
10.19	四	学校管理心理学（汪金翎）	学校管理理论与实践（陈志沛）	
10.20	五	学校管理理论与实践（陈志沛）	学校管理心理学（汪金翎）	
10.21	六	休息	休息	
10.22	日	休息	休息	
10.23	一	学校管理心理学（汪金翎）	学校管理理论与实践（陈志沛）	
10.24	二	学校管理理论与实践（阮为文）	中国传统文化与教育（胡吉省）	班级活动
10.25	三	中国传统文化与教育（胡吉省）	学校管理理论与实践（阮为文）	学校管理心理学考试（汪金翎）
10.26	四	学校管理理论与实践（阮为文）	中小学教育科学研究方法（吴飞忠）	中国传统文化与教育考查（胡吉省）
10.27	五	中小学教育科学研究方法（吴飞忠）	学校管理理论与实践（阮为文）	
10.28	六	休息	休息	
10.29	日	休息	休息	
10.30	一	校园文化建设（徐建华）	中小学教育科学研究方法（吴飞忠）	自学或到阅览室看书查资料
10.31	二	中小学教育科学研究方法（吴飞忠）	名校长经验介绍（高亚军）	
11.1	三	校园文化建设（徐建华）	中小学教育科学研究方法（吴飞忠）	
11.2	四	中小学教育科学研究方法（吴飞忠）	教育可持续发展战略（应恩民）	中小学教育科学研究方法考试（吴飞忠）
11.3	五	教育法制基础（茅珠芳）	教育家教育思想（张慧忠）	
11.4	六	休息	休息	
11.5	日	休息	休息	
11.6	一	教育家教育思想（张慧忠）	教育法制基础（茅珠芳）	
11.7	二	教育法制基础（茅珠芳）	新课程背景下的校长角色（许璋）	教育家教育思想考查（张慧忠）
11.8	三	新课程背景下的校长角色（许璋）	教育法制基础（茅珠芳）	班级活动
11.9	四	教育法制基础（茅珠芳）	教学管理经验交流（阮为文）	学校管理理论与实践考试（阮为文）
11.10	五	教育法制基础（茅珠芳）	管理见习准备	
11.11	六	休息	休息	
11.12	日	休息	休息	
11.13	一	教育管理见习	教育管理见习	
11.14	二	教育管理见习	教育管理见习	
11.15	三	教育管理见习	教育管理见习	
11.16	四	教育管理见习	教育管理见习	
11.17	五	教育管理见习	教育管理见习	

日期	星期	课程与教师		晚上 6：00—8：00
		上午	下午	
11.18	六	休息	休息	
11.19	日	休息	休息	
11.20	一	朝鲜核问题（任幸芳）	科学史（何宝钢）	
11.21	二	科学史（何宝钢）	教育管理见习汇报交流（阮为文）	教育法制基础考试（茅珠芳）
11.22	三	科学史（何宝钢）	中小学人事制度改革（戴玲）	
11.23	四	教学管理经验交流（阮为文）	科学史（何宝钢）	
11.24	五	当代教育学（傅梅芳）	现代教育技术（杜祖平）	
11.25	六	休息	休息	
11.26	日	休息	休息	
11.27	一	现代教育技术（杜祖平）	当代教育学（傅梅芳）	
11.28	二	当代教育学（傅梅芳）	现代教育技术（杜祖平）	科学史考试（何宝钢）
11.29	三	现代教育技术（杜祖平）	当代教育学（傅梅芳）	
11.30	四	当代教育学（傅梅芳）	现代教育技术（杜祖平）	
12.1	五	现代教育技术（杜祖平）	当代教育学（傅梅芳）	
12.2	六	休息	休息	
12.3	日	休息	休息	
12.4	一	当代教育学（傅梅芳）	财务管理（姜鲜芬）	现代教育技术考试（杜祖平）
12.5	二	构建和谐社会解读（严燕飞）	当代教育学（傅梅芳）	当代教育学考试（傅梅芳）
12.6	三	培训反馈、培训总结		
12.7—12.15		外出教育考察		

注：1. 上课时间：上午8：00—11：10，下午1：30—4：10。

2. 上课地点：三号楼403多媒体教室。

3. 缺课时间超过某门课程授课时间的1/4，不得参加该门课程的考试；缺课时间超过整个面授学习时间的1/4，取消培训资格，并将情况反馈给所在县（市、区）教育局。

金华教育学院干训处

2006 年 10 月 10 日

2009 年金华市中学校长任职资格培训课程表

日期	星期	课程与教师		晚上 6：00—9：00
		上午	下午	
10.11	日		报到	自学或到阅览室看书查资料

日期	星期	课程与教师		晚上6：00—9：00
		上午	下午	
10.12	一	开学典礼。学校管理理论与实践（陈志沛）	中小学教育科研方法（吴飞忠）	
10.13	二	中小学教育科研方法（吴飞忠）	学校管理理论与实践（陈志沛）	
10.14	三	中小学教师职业规范管理（杨天平）	中小学公共关系管理（杨天平）	
10.15	四	新课程背景下的校长意识（许璋）	教师的意识（许璋）	班级活动
10.16	五	学校管理理论与实践（陈志沛）	教育发展新阶段的形势和任务（应恩民）	
10.17—10.18	六、日	休息	休息	
10.19	一	学校管理理论与实践（陈志沛）	中小学教育科研方法（吴飞忠）	
10.20	二	做一个聪明的校长（李春玲）	创建学习型组织（李春玲）	
10.21	三	论文写作指导（胡吉省）	明星校长管理经验谈（高亚军）	
10.22	四	当代教育学（傅梅芳）	中小学教育科研方法（吴飞忠）	文娱晚会
10.23	五	当代教育学（傅梅芳）	当代教育学（傅梅芳）	
10.24—10.25	六、日	休息	休息	
10.26	一	教师管理（阮为文）	怎样做课题（吴惠强）	
10.27	二	知识经济的挑战与思维的转型（张天雪）	教育管理的前沿问题（张天雪）	
10.28	三	学生管理（阮为文）	当代教育学（傅梅芳）	中小学教育科研方法考试（吴飞忠）
10.29	四	后勤管理（杜志金）	当代教育学（傅梅芳）	当代教育学考试（傅梅芳）
10.30	五	考察金华名校	考察金华名校	
10.31—11.1	六、日	休息	休息	
11.2	一	学校管理心理学（汪金翎）	教师队伍建设（戴玲）	
11.3	二	教师心理健康（陈永胜）	教师心理健康（陈永胜）	
11.4	三	教学管理（王荣文）	学校管理心理学（汪金翎）	
11.5	四	学校管理心理学（汪金翎）	校长的人文素养（吴克强）	
11.6	五	学校管理心理学（汪金翎）	管理见习准备	
11.7—11.8	六、日	休息	休息	
11.9—11.13	一至五	教育管理见习（一周）	教育管理见习（一周）	
11.14—11.15	六、日	休息	休息	
11.16	一	教育家教育思想（张慧忠）	见习情况汇报、经验交流（阮为文）	学校管理心理学考试（汪金翎）
11.17	二	科学史（何宝钢）	明星校长管理经验谈（华康清）	
11.18	三	教育家教育思想（张慧忠）	科学史（何宝钢）	学校管理理论与实践考试（阮为文）

日期	星期	课程与教师		晚上 6：00—9：00
		上午	下午	
11.19	四	科学史（何宝钢）	教育法制基础（茅珠芳）	教育家教育思想考查（张慧忠）
11.20	五	教育法制基础（茅珠芳）	科学史（何宝钢）	
11.21—11.22	六、日	休息	休息	
11.23	一	学校管理经验交流（阮为文）	教育法制基础（茅珠芳）	科学史考查（何宝钢）
11.24	二	教育法制基础（茅珠芳）	当代教育理论（徐高虹）	教育法制基础考试（茅珠芳）
11.25	三	当代教育理论（徐高虹）	学校管理经验交流（阮为文）	当代教育理论考试（徐高虹）
11.26	四	现代教育技术（杜祖平）	现代教育技术（杜祖平）	
11.27	五	学校管理中的法律问题（申屠江平）	现代教育技术（杜祖平）	
11.28—11.29	六、日	休息	休息	
11.30	一	构建和谐校园（严燕飞）	校园文化建设（徐建华）	
12.1	二	现代教育技术（杜祖平）	现代教育技术考试（杜祖平）	
12.2	三	培训反馈、培训总结		
12.3—12.11		赴外省教育考察		

注：1. 上课时间：上午8：00—11：10，下午1：30—4：30。

2. 上课地点：三号楼403多媒体教室。

3. 缺课时间超过某门课程授课时间的1/4，不得参加该门课程的考试；缺课时间超过整个面授学习时间的1/4，取消培训资格，并将情况反馈给所在县（市、区）教育局。

金华教育学院干训处

2009年10月6日

　　从2011年开始，浙江省教育厅颁布了《浙江省中小学教师专业发展培训若干规定（试行）》（浙教师〔2010〕175号）文件，从此，浙江省真正意义上的所有中小学教师都要参加的全员培训全面实施。其中第二章第五条规定"新任校长到岗一年内须参加300学时的任职资格培训，其中集中培训不少于90学时。新任校长任职资格培训的时数，不列入校长周期内在职提高培训时数。"于是，2011年到2015年，即"十二五"期间的新任校长任职资格培训，学院在培训的课程设置上较"十一五"期间有了较大的改动，集中培训时间从原来的脱产集中培训两个月改为脱产集中培训一个月左右，在培训课程上，保留并突出《学校管理理论与实践》和《教育法制基

第二章 校长培训：助推教育教学改革

础》两门课程，取消或压缩《现代教育理论》《中小学教育科研》《现代教育技术》等校长们在提拔为校长前学习比较多、比较熟悉的课程，同时，根据校长们的需求，增开一些他们迫切需要的以半天为单位的专题讲座。从下列两张面授课程表，可见一斑：

2014年金华市小学校长任职资格培训面授课程表

日期	星期	课程与教师		晚上 6：00—9：00
		上午	下午	
3.3	一	报到	开学典礼。班级活动（褚伟明）	自学或到阅览室看书查资料
3.4	二	学校管理理论与实践（陈志沛）	教育科研（吴惠强）	
3.5	三	校长的修养（俞正强）	学校管理理论与实践（陈志沛）	
3.6	四	学校管理理论与实践（陈志沛）	学校民主管理（蒋相忠）	
3.7	五	考察宾虹小学（李武南）	考察宾虹小学（李武南校长、特级教师）	
3.8—3.9	六、日	休息	休息	
3.10	一	加强教师队伍建设，促进教师专业发展（阮为文）	学校管理理论与实践（陈志沛）	学校管理理论与实践考试（陈志沛）
3.11	二	学校领导的素质（何宝钢）	校长管理论坛：创建特色学校（阮为文）	
3.12	三	寻找教育新支点（徐锦生）	副职的修养（胡吉省）	
3.13	四	学校人事管理（杨卫玲）	选择比努力更重要（陈永龙）	文娱活动
3.14	五	校长的人文素养与教育文化（吴克强）	校长的人文素养与教育文化（吴克强）	
3.15—3.16	六、日	休息	休息	
3.17	一	永康市学校考察学习	永康市学校考察学习	
3.18	二	浦江县学校考察学习	浦江县学校考察学习	
3.19	三	磐安县学校考察学习	磐安县学校考察学习	
3.20	四	婺城区学校考察学习	婺城区学校考察学习	
3.21	五	金东区学校考察学习	撰写总结、诊断、反思报告	
3.22—3.23	六、日	休息	休息	
3.24	一	学校德育管理与创新（方青）	以智慧教书以慈悲育人（上）（谷定珍）	
3.25	二	以智慧教书以慈悲育人（下）（谷定珍）	学校安全管理与教育（陈志恒）	
3.26	三	服务教师发展的"草根"思考与实践（陈月根）	促进学生成长的"草根"思考与实践（陈月根）	
3.27	四	给学生更宽广的教育—兼谈学校的办学特色（杨士军）	建设有效课程和高效课堂（杨士军）	
3.28	五	基于学校的校本课程建设（杨士军）	基础教育转型下校长的作为（杨士军）	
3.29—3.30	六、日	休息	休息	

日期	星期	课程与教师		晚上 6：00—9：00
		上午	下午	
3.31	一	教育法制基础（茅珠芳）	教育法制基础（茅珠芳）	
4.1	二	现代教育技术（褚伟明）	教育法制基础（茅珠芳）	教育法制基础考试（茅珠芳）
4.2	三	教育家的教育思想（张慧忠）	学校管理论坛：学校文化建设（陈永龙）	
4.3	四	新课改背景下如何当好校长（夏美丝）	教育家的教育思想（张慧忠）	
4.4	五	校长的礼仪（严燕飞）	考察准备	
4.5—4.6	六、日	休息	休息	
4.7—4.11		赴省内名校教育考察		
4.12—4.13	六、日	休息	休息	
4.15	二	培训小结、交流	结业典礼	

注：1. 上课时间：上午8：30—11：30，下午1：40—4：40。

2. 上课地点：教育学院工会多功能厅（学院小超市楼上）。

3. 缺课时间超过某门课程授课时间的1/4，不得参加该门课程的考试；缺课时间超过整个面授学习时间的1/4，取消培训资格，并将情况反馈给所在县（市、区）教育局。

金华教育学院干训处

2014 年 3 月 1 日

2014 年金华市中学校长任职资格培训面授课程表

日期	星期	课程与教师		晚上 6：00—9：00
		上午	下午	
10.20	一	报到	开学典礼。班级活动（褚伟明）	自学或到阅览室看书查资料
10.21	二	学校管理理论与实践（陈志沛）	中小学教育科研（吴惠强）	
20.22	三	副职的修养（胡吉省）	中小学教育科研（吴惠强）	
10.23	四	传统文化与教育（胡吉省）	学校管理理论与实践（陈志沛）	
10.24	五	如何提升校长领导力（高业牟）	《义务教育学校管理标准》研讨（徐建华）	
10.25—10.26	六、日	休息	休息	
10.27	一	学校人事管理（杨卫玲）	学校管理理论与实践（陈志沛）	
10.28	二	金华五中考察学习（张震雷）	金华五中考察学习（张震雷）	
10.29	三	学校管理理论与实践（陈志沛）	教育法制基础（茅珠芳）	学校管理理论与实践考试（陈志沛）
10.30	四	教育法制基础（茅珠芳）	校长的人文素养与教育文化建设（吴克强）	文娱活动
10.31	五	校长的人文素养与教育文化建设（吴克强）	校长办学思想交流（阮为文）	
11.1—11.2	六、日	休息	休息	

026

日期	星期	课程与教师		晚上 6：00—9：00
		上午	下午	
11.3	一	学校管理创新（何宝钢）	促进教师专业成长（阮为文）	
11.4	二	义乌廿三里初中考察学习（陈建新）	义乌市课堂教学改革的实践与思考（王康副）	
11.5	三	"知心课堂"教学模式改革的实践与思考（童桂恒）	教育法制基础（茅珠芳）	教育法制基础考试（茅珠芳）
11.6	四	校长办学思想交流（徐建华）	现代学校发展与后勤保障（杜志金）	
11.7	五	学校安全风险管理（严依龙）	关于招生和考试制度改革的思考（王荣文）	
11..8—11.9	六、日	休息	休息	
11.10	一	兰溪灵洞初中考察诊断	兰溪游埠初中考察诊断	
11.11	二	宁波名校考察	宁波名校考察	
11.12	三	宁波名校考察	宁波名校考察	
11.13	四	宁波名校考察	宁波名校考察	
11.14	五	学员所在学校考察学习	学员所在学校考察学习	
11..15—11.16	六、日	休息	休息	
11.17	一	学员所在学校考察学习	学员所在学校考察学习	
11.18	二	学员所在学校考察学习	学员所在学校考察学习	
11.19	三	完成各种作业	培训成果分享、结业典礼	

注：1.上课时间：上午8：30—11：30，下午1：40—4：40。

2.上课地点：教育学院工会多功能厅（学院小超市楼上）。

3.缺课时间超过某门课程授课时间的1/4，不得参加该门课程的考试；缺课时间超过整个面授学习时间的1/4，取消培训资格，并将情况反馈给所在县（市、区）教育局。

金华教育学院干训处

2014 年 10 月 10 日

三、培训实施

由于培训对象是金华市各县（市、区）的新任校长，为解决区域距离和工学矛盾，学院采用集中一次性完成的方式组织培训。

（一）未雨绸缪，做好培训前的各项准备工作

（1）每年8月份，由金华市中小学干训领导小组办公室、金华教育学院干训处给各县（市、区）教育局人事科寄发新任校长培训报名通知。由各县（市、区）人事科将当年暑期新提拔的中小学校长（包括副校长）及近两年来未参加过任职资格培训的新任中小学校长名单进行填表，于当年9月15日之前报金华教育学院干训处，每年下半年组织一期新任校长的任职资格培训。

根据报名情况，如果报名人数较多，就分两期进行培训，下半年组织金华市中学新任校长任职资格培训，第二年上半年组织金华市小学新任校长任职资格培训。

（2）班级确定好后，组织参训校长的需求调查，以了解校长的一些基本情况和对培训的需求。如学院对2014年小学校长任职资格培训的学员做了如下的问卷调查。

2014年金华市小学校长任职资格培训问卷调查表

（2013.12.20）

各位新任校长：大家好！

根据教育部的有关规定，新任校长必须参加300学时的校长任职资格培训。2014年金华市小学校长任职资格培训将于2014年3月至4月举行，计划安排40天（含正常休息的双休日）。为了提高本次培训的针对性和实效性，我们首先需要了解您的情况和想法。诚挚希望您能认真填答该问卷，您的配合就是对我们培训工作最有效的支持。该问卷不与学员评价挂钩，请您放心填写。请于2014年1月10日之前通过电子邮件发到1773727928@qq.com。谢谢您的配合。

一、学员基本情况：

1. 姓名：　　　　工作单位：　　　　　　QQ号码：

2. 您的性别（　　）　①男　　　②女

3. 您的年龄（　　）

①30岁以下　②31—39岁　③40—49岁　④50岁以上

4. 担任副校长前的身份是（　　）

①教务主任　②政教主任　③办公室主任　④总务主任

⑤普通教师

二、您参加此次培训最希望学到哪些内容？

三、你希望此次培训开设哪些课程及专题讲座比较好？

四、你对培训的时间、形式、管理有哪些好的建议？

（3）将学员的需求调查进行统计分析后，再根据教育部《中小学校长任职资格培训指导性教学计划》以及当时基础教育的形势与要求，最后确定培训目标，设置培训课程，落实主讲教师，采购培训教材，安排培训场地，印制报到须知及培训课程表，准备开班。

（二）加强管理，提高培训质量

1. 严格过程管理

学院认真做好每一个培训环节的管理工作。整个培训可以分为理论培训和实践培训两个部分，当然，理论培训和实践培训是穿插进行的。理论培训分为：专家讲座、名校长管理经验介绍、主题论坛与交流、主题研讨、读书沙龙等。实践培训分为：名校参观、管理见习（跟岗学习）、管理诊断等。无论是理论培训还是实践培训，学院坚持执行签到（点名）制度，一天两次。学员因特殊情况不能参加培训，须出具书面请假条，一天以内由干训处审批，两天以内由学院分管领导审批，三天以内由所在县（市、区）教育局领导和学院领导联合审批。学院还制定了完整的培训规章制度，包括学员守则、培训考勤考核规定等，并严格执行。

2. 实施民主管理

校长是教师队伍中的精英，既有较高的自我管理能力，也有较强的管理他人的能力，因此，在校长任职资格培训中，充分发挥校长的特长和能力，坚持校长自我管理、民主管理也是非常重要的。学院在每一个培训班的开班典礼结束后，均安排了"破冰"活动，即培训班的团队建设，分三个乐章：随机分组，在组内进行自我介绍，然后进行角色分工，选出组长、副组长，确定组名、口号；以小组为单位进行游戏活动，培养团队的合作精神；进行班规班纪的讨论和投票，形成自我管理的规章制度。最后，由各个组选出的组长组成班委，选出班长、副班长、学习委员、纪律委员、文娱委员、后勤委员等，并进行分工，明确每个班委应承担的职责，如讨论应开展哪些活动，要求学员们做到哪些方面等。在培训过程中，以小组为单位进行管理，充分发挥班委兼小组长的作用。培训班中开展的文化娱乐活动由班委组织，如培训期间开展的文娱晚会、排球赛、篮球赛等。

3.抓好终端管理

就是要做到及时总结和反馈。比如，培训考勤情况，每周通报一次，即在周一，对上一周的签到情况进行公布，对全勤的学员进行表扬，对请假比较多的学员提出要求，对未经请假而不参加培训的学员提出批评。同时，学院还开展了小组合作竞赛，对一周中表现好的优秀组进行表扬和奖励，如获得第一名的小组，每人奖励一本好书。又比如，组织文娱晚会这样的活动，结束后及时进行总结。管理见习一周结束后，及时进行总结。培训结束，要举行结业典礼，要进行系统总结。对学员应完成的各种作业，及时将上交情况进行统计公布。培训结束评优秀学员的时候，将根据学员在培训期间的表现，即学员的考勤、作业上交、参加班级活动的活跃度以及为班级所做的贡献等，采用量化的办法确定优秀学员名单。

附：部分总结

培训提升素养　考察拓展视野　学思增长才智
——金华市"十一五"第六期（2010）中小学校长任职资格培训工作总结

尊敬的各位学员：大家好！

光阴荏苒，日月如梭。为期两个多月（从10月11日至12月14日）的金华市中小学校长任职资格培训已于今日上午降下帷幕。在此本人对整个培训过程做一总结回顾，以总结促提高，以反思明得失。

一、培训工作回顾

（一）领导重视

本期中小学校长培训能取得圆满成功，首先要感谢市教育局和本院两级领导对培训工作的高度重视。一是金华市教育局分管局长及学院的院长亲自出席开班典礼并做重要讲话，并寄予学员殷切的期望。二是金华市教育局应恩民局长、徐灵甫书记和许璋副局长以及学院的何宝钢书记、申屠江平院长亲临我们班给学员进行授课讲课。三是为提高校长培训质量，干训处认真地挑选授课教师，精心设计和科学编排课程，使校长们能在较短的时间里获取理论思考层面和实践操作层面丰富的知识。短短的两个月，学院聘请安排了28位专家学者给校长班学员授课讲学，其中外聘的教育行政领导和专家学者有15名，本院教授、副教授13名，开设的课程全面，内容充实，符合校长培训特点。

（二）班委带头

一是日常听课班委榜样带头，力求不迟到早退，遇要事，事先请假，听课认真，勤记善思，发言积极。二是班级活动精心组织做到率先垂范，校长经验交流准备充分，发言踊跃，经验教训互相学习借鉴。三是管理见习、教育考察组织工作严密，学习虚心认真，活动丰富多彩，同学交流频繁，感悟收获非凡。

（三）目标明确

我们制定的培训目标是：基于校长教管实际，拓宽干部知识视野，提高领导治校能力。

根据教育部《中小学校长任职资格培训指导性教学计划》，结合金华市中小学校长的实际，我们提出的培训目标是：通过培训，使我市中小学校长进一步增强依法治校的意识，提高依法办学的能力；加深对现代教育思想的理解，树立现代教育观念，掌握现代学校管理的思维方法；把握新时期教师队伍建设和管理的若干对策，提高实施素质教育的管理水平和创新能力。

（四）内容丰富

具体开设的课程涵盖了以下诸多方面：

1. 由市教育局应恩民局长主讲《中国教育发展纲要》，由许璋副局长主讲《新课程背景下的校长角色、教师的意识》。二位局领导站在教育行政领导者和管理者的高度高屋建瓴，从不同的视角，回顾了改革开放后金华市教育的发展历程，总结了金华市教育取得的令人瞩目的巨大成就，分析了金华市基础教育中面临的难题和所处的困境，指出了未来金华市教育发展的趋势和展望，提出了校长们今后共同努力的方向。

2. 由浙江外国语学院李春玲教授主讲《学习型教师团队建设》和《做一个智慧的校长》，由浙师大张天雪教授主讲《让学校更加有效和民主》和《教育管理前沿问题》。两位教授的精彩演讲为我们参训校长今后投身教育改革，对学校进行更为有效、科学、民主管理服务和自身的专业成长起到非常有效的引领作用。

3. 由申屠院长主讲《学校管理中的法律问题》，由浙师大周功满教授主讲《劳动合同法讲座——立法与适法的解读》，由茅珠芳老师主讲《学生伤害事故和学校责任》。通过这些课程，校长们进一步明确了新形势下学校管理必须要实行依法治校的重要性，在教育改革的新形势下校长们必须学法、知法、懂法，依法管理学校中的一切事务，这正是当前校长们所面临的一个新课题。

4. 由金华一中高亚军校长主讲的《感悟校长的成长之路》使参训校长学到了许许多多在书本上学不到的、超常规的思维方式和管理理念，他传授校长们如何去经营学校的无形资产即"学校的品牌"等崭新的管理理念。金华汤溪中学丰建林校长主讲的《谈学校的人文管理》，永康民主小学林刚丰校长主讲的《赢在管理》，东阳南马中心校张义云校长主讲的《我的农村校长之路》，三位校长把各自十多年在领导岗位上积累的丰富的管理经验和治校方略进行了理论化的概括和阐述，给校长们今后的教育管理实践起到了导航作用。

5. 由本院何宝钢书记主讲的《科学史》，由院办主任张慧忠老师主讲的《中国的科举制度》与《蔡元培的教育思想》，使校长们认识到中华文明古国传统文化的博大精深，从而激发了校长们的爱国之情和报国之志。由徐高虹老师主讲的《当代教育理论》，对校长们的学校管理工作有较大的启发和指导意义。

6. 由本院汪金翎老师主讲的《学校群体心理》与《激励理论》，使校长们明确了新世纪对健康概念的重新界定，如今人的健康不仅仅是人的躯体的健康，而是包含了人的心理的健康，联合国教科文组织对人的健康赋予了更为深刻的内涵。无论是老师还是学生都应有健康的体魄、健康的心理、健康的人格，这才是人的健康的标志。

7. 由教育局纪委徐灵甫书记主讲的《加强党风廉政建设》使校长们，明确了领导干部廉洁奉公，才是取信于民的法宝进一步懂得了勤政廉洁的哲理和要义并身体力行，力求做到"三公"（公平、公正、公开），待人要公平、处事要公正、账目要公开，懂得了在日后仕途生涯中"毁林容易成林难，败名容易成名难"的古训哲理。

8. 由市教育局基教处处长吴惠强教授主讲的《教育科研课题的选择》，由赴晶主任和金跃芳所长主讲的如何搞好学校的教科研，确立走质量立校，科研强校之路。通过三位专家的专业引领使校长们懂得如何搞科研的工作方法和重要性，并从中学到了很多科研方法和写作技巧。

9. 金华一中杜志金副校长主讲的《现代学校发展与后勤保障》中提到在军事上"兵马未到，粮草先行"，每个人只有在衣食无忧的情况下才能勤奋学习、安心工作。学校的后勤工作必须为学校的教育教学提供保障。

10. 由市教育工会蒋相忠主席主讲的《艺术　能力　心态——试谈校长的素质》阐述了学校管理中的艺术价值和功效。校长应具有博学多才的高素质，要有阳光的心态待人处事，并强调了健康身体的重要性。人们把生命的健康比作1，那么，权势、名誉、地位、金钱、美色等皆为1后面的0，离开了1，一切就全归于0。

11. 由阮为文处长主讲的《教师管理》、陈志沛书记主讲的《学校管理理论与实践》、傅梅芳老师主讲的《当代教育学》分别从不同的视角，从理论和实践的层面讲述了教育管理的理论和工作方法，使校长们从中学到了许许多多的教育理念、知识和教育方法。

12. 由原兰溪厚仁中学校长应连心主讲的《学校教育策略》使每位校长为他那独具风格、独具特色的治校理念、治校思想、治校的工作方式方法所感叹，被他那对儒家文化精深的解读所折服。

13. 由吴克强副教授主讲的《校长的人文素养》使校长们极大地拓宽了知识视野，从中获得了极为丰富的知识养料。

14. 由严燕飞副教授主讲《礼仪与校长形象塑造》。严老师"以礼说理"传授校长为人处事要从小处着眼，大处着手，"小礼仪大学问，小细节大道理，生活处处有礼仪，言谈举止要注意"。通过学礼，校长们更加明礼、知礼、遵礼、用礼，力争使自己成为有学者风范的儒雅之士。

（五）形式多样

1. 专题讲座。主讲者有教育行政官员、专家学者、知名教授、知名校长。

2. 参观考察。赴义乌市稠州中学教育考察学习，学到了先进的办学理念和管理方法。

3. 管理见习。12月8日—13日分组进行的教育考察非常顺利，并取得优良的成效。

4. 见习汇报。汇报的学员有朱丽娟、叶瑞平、程琼、金丽嫒、王丽贞。

5. 见习总结。人人撰写诊断报告，谈收获，找差距、明方向、鼓干劲。

6. 经验交流。

邵发明——以亲身经历的案例，得经验、谈教训、促反思、利提高。

叶瑞平——谈校长要有风度、要有气度，要大度，提高校长人格魅力。

郭巧明——看深，校长处事要深思熟虑；看清，校长要善于分清是非；看白，校长要淡泊功名利禄，认认真真做事，清清白白做人。

俞剑士——功利系统、即目标方向。思想系统、灵魂统率。学习系统、加油站动力源；反思总结系统、明得失，功过评价。

方果——对学习和阅读的重要性进行了详细的解读。

7. 外省考察。考察了山东曲阜市实验中学、山东大学附中、山东师范大学二附中，提交教育考察报告43人。

为期一周的山东教育考察是一次丰富的文化之旅。对于曲阜市实验中学的教育考察，本人写了4句诗："圣人故里有实中，创立十载建奇功。校长诗书率先锋，师长学子学诗浓。校园八景有诗咏，诗书画印满廊中。诗意校园优校风，创新教育攀高峰。"

山大附中的教育考察感悟："校长精悍，管理精细，校园精致，师资精英，科研精深，学生精品。"

山师大二附中的教育考察感悟："生源优质，师资优秀，资源优越，管理优化，科研优异，成果优厚。"

8. 论文答辩：论文提交率100%，参加论文答辩58人，4人因特殊情况请假未能参加答辩。论文被评为优秀的学员名单：胡志良、邵发明、叶瑞平、唐献忠、何伟方、潘炎春、经丽芳、金丽媛、方果、彭璐、俞剑士、章颖、王肖等13位同学。

二、取得成效显著

（一）校长们通过此次培训提升了人文素养，在培训期间聆听了市教育局领导、大学知名教授、市教科所、市教研室的专家学者及各县（市）知名校长的专题讲座，校长们从此能"站得更高，看得更远，想得更广，做得更活"。

（二）培训期间通过管理见习、教育考察、深入学习使每位校长进一步拓展了视野，增长了见识。他们还与名师、名校长们进行了面对面的交流，在交流中探询，在探询中求索，在求索中解读，在解读中领悟，在领悟中提高，在提高中增智。

（三）管理见习汇报交流使小学、初中、高中的校长们分享到不同层次的见习成果，有利于校长们了解小学、初中、高中不同层次的管理理论和管理方式方法的异同点，可使校长们在今后管理工作中减少盲目性，在实践工作中更有针对性和实效性。校长们在学校管理经验的交流中学习借鉴先进的教育思想、办学理念、管理方法、育人经验，取长补短，实现共赢。

（四）提升校长办学能力和专业发展能力。通过听讲座、研讨及反思完成作业，进一步提升科学决策能力、合作管理能力、识才用人能力、教育创新能力、协调沟通能力、总结反思能力、教师专业发展指导能力和校长自身专业发展提升能力。

（五）校长们通过培训学到许多管理育人新知，同时还结交了60位新朋友，这也是培训的另一方面巨大的收获。广交朋友、知交朋友，是做好校长角色之所需，也是人的社交生存之所需。培训虽已结束，但友情仍在延续，"流水不因石而阻，友情不因远而疏"。结识新朋友，不忘老朋友，朋友多了路好走，天高地也厚，愿我们到处都有好朋友。

（六）培训虽已结束，但学习永远继续，思考永无休止。继续教育、终身学习是我们每个人永恒的主题，学习借鉴名师、名校长的修身治学、管理服务、依法治校的成功之道，是留给每位校长长期思考的课题。

三、反思存在问题

培训所取得的成绩固然是主要的，但也存在一些不足之处。如有时培训到课率偏低一点，也存在着迟到、早退现象。个别校长有浮躁的表现，静不下心来学习，定不下神来研究。

四、校长建言献计

为使校长培训更富有实效，许多校长建言献计献策。

（一）建议开设演讲与口才专题讲座。

（二）管理见习时间安排提前进行，有利于校长们及早相互认识和熟悉交流。

（三）提出问题，分小组展开讨论，分析问题，归纳总结，派代表做中心发言，陈述解决问题的途径和方法。

（四）多开展小组讨论交流，让各位校长都在培训期间有发言、展示才华的机会，增强互相交流的频率。

五、改进工作思路

（一）加强考勤管理，既注重考核迟到，也应该考核早退，定时、不定时相结合，适时随机抽查，使考勤记载更真实，为评选优秀学员提供可靠的依据。

（二）注重考试管理，使考试严格规范，成绩真实可信。考试、考查科目设置更趋合理性。

（三）课程设置要更符合校长的需求，紧跟时代，注重前沿性。

（四）外聘校长经验介绍要考虑全面性，小学、初中、高中、职高都要全面兼顾，取长补短，相得益彰。

（五）可否考虑今后每位校长各自带一个案例和一个问题参训（参考 MBA 的模式进行，但这对主持人的要求非常高），通过小组交流、中心发言介绍学校管理中处理各类突发事件、重大事件的典型的经验和教训，促使广大校长反思、感悟、提高。

六、寄予建议和希望

培训虽已结束，但并不意味学习终止，而恰恰是深入思考的开始，理论提升的起步。在此，我想对在座的各位校长提几点建议和希望：

（一）建议校长们对培训所学的内容进行综合梳理和总结反思，并结合自己的管理工作和教学实践及研究的课题，建构起自己新的知识体系和管理模式。用所学理论指导实践，运用培训提升教管理念，进行管理革新和教学探究，大胆创新，积极实践，反思教学，做一名有思想的专家型校长。然后将实践知识再上升为理论，写出有学术价值的理论文章和专著。

（二）希望校长们树立终身学习的观念，学习是每个人永恒的主题，不断学习，不断实践，不断总结，不断反思，不断提高，不断创新。当一个平庸的校长较容易，当一个合格的校长就较难，当一个有所作为、有所建树的名校长就难上加难。合格的校长有管理好学校的基本知识、基本能力和水平。名校长，则要有自己独特的教育思想、管理风格、治校谋略、创新胆识。

（三）建议校长们读名书名著和名人传记，游名山名川和名胜古迹，访名人名家和名师名校（简称"三名"）。读名书名著使自己"腹有诗书气自华"，游名山名川使自己见多识广，访名人名家使自己成为德才兼备的人师。总之，力求使自己达到"读万卷书，行万里路，取万校经，集万家法，破万事难"。

（四）希望校长们通过两个月的培训学习、管理见习，多发生一些"化学变化"，少发生一些"物理变化"。如果校长们把在培训时学到的先进理念和管理方法，只是照搬照抄、邯郸学步，不根据学校自身特点盲目仿照，那仅仅是发生"物理变化"。而我们希望在学习借鉴先进理念、管理经验、育人方法时要进行思考，然后融入自己新的思想元素，使之成为新理念、新思路、新措施、新方法，多发生一些"化学变化"，生成更多"新的物质"。通过校长们的引领和全体师生的共同努力，取得更多教育教学新成果。

（五）我们期待校长们力争三至五年内副转正，正转名，五至十年之内名转特，特转功（功勋教师），成为小有名气的名师、名校长。当你们成为名师、名校长时我们学院领导和干训处的领导将热情相邀你们当中的佼佼者回学院，为我们青年教师入职开启智慧大门，为广大教师指点成才之路，为新任校长传授你们经营学校、治理学校、培养人才的方略，为新任校长介绍你们的修身之法、治学之道、立身之要、处事之诀。

（六）本次培训已结束，但为培训班搭建的校长交流平台将永远存在。平时仍要经常联系，加强兄弟县、市之间的教育文化交流研讨，互相学习，共同提高，人人都为提高我市的基础教育质量多做贡献，再立新功。

（七）希望在座的各位校长今后在各自的岗位上，在管理学校的工作中要虚心好学、勤奋工作、总结反思，我们要牢记学习三件宝，谦虚、勤奋和思考；用你们的聪明才智，谱写出最华丽、最优美、最动听、最感人的生命乐章。

最后衷心祝愿全体校长心态阳光、身体健康、事业辉煌、仕途无量!

谢谢大家!

金华教育学院干训处　陈永龙

2010 年 12 月 12 日

颂歌献祖国　欢乐留心间

——金华市"十二五"第三期中小学校长任职资格培训文娱晚会总结

2013 年 10 月 23 日晚上 6 时至 8 时,金华市"十二五"第三期中小学校长任职资格培训班学员文娱晚会在学院多功能教室成功举行,干训处阮为文处长和褚伟明副处长、班主任陈永龙及参训学员共 50 余人参加了晚会。

本次晚会可概括为:低舞台(舞台高 20 厘米),高质量;小舞台(在一个教室内),大联欢(50 余位初中、普高、职高的校长悉数登场);小团队(分 5 个组,每组 7 至 10 人),大合作(每组人员来自金华市九个县市区的校长);小节目(诗朗诵、独唱、小组合唱、婺剧表演等),大气势(校长们器宇轩昂、热情奔放)。

本次晚会充分体现了校长们团队合作的精神风貌,晚会呈现四大亮点:

1. 准备充分,编排有序:班委将策划、主持、购物、编排、置景及准备服装、道具、场地、音响等各项工作进行得有条不紊。

2. 主持有道,机智活泼:傅菁菁写的主持词热情洋溢、富有诗意,马之岸的主持机智又幽默,展现随机应变和即兴应对的才华。

3. 全员参与,全体参演:本次晚会校长参与齐,人人上台,个个献艺。

4. 气氛热烈,开心快乐:游戏节目气氛热烈,活泼开心,台上台下合唱互动,相互鼓励加油。

本次晚会分为四个乐章(四个板块):

1. 诗朗诵、小组唱展现了团队合作的精神风貌。

2. 独唱、领唱展示了校长不俗的个人才艺。

3. 男女校长互相快速拼对，抢凳子、快速取物小游戏快乐、有趣、生动活泼。

4. 领导倾情献艺，激情演唱使晚会高潮不断。

真可谓是名词、动词、形容词，词词表敬意；男生（声）、女生（声）、歌唱声，声声展风采；小队、团队，队队具特色；合唱、独唱，个个有新意。

整个晚会既充分展示了校长的多才多艺，又大大增进了学员之间的友谊；既极大丰富了校长的培训生活，又使校长们深刻体会到了团结合作的重要和力量。

班主任　陈永龙

2013 年 10 月 25 日

管理出效益　见习长才干
——金华市"十二五"第三期（2013）中小学校长任职资格培训
管理见习总结

校长们在管理见习周取得管理见习工作的圆满成功，对其总结，有以下几个方面应该加以肯定。

一、首先应该感谢管理见习学校领导班子，对我们中学校长管理见习工作的高度重视、大力支持、精心安排和热情接待，没有他们的支持，管理见习工作不可能如此顺利、如此圆满和富有成效。

二、应该感谢我们的班委成员、各管理见习组的组长和承担管理见习任务所在学校的参训校长，对整个管理见习工作的周密筹划、妥善安排和精心落实，正是由于你们的大量付出，才有我们大家的巨大收获。

三、应该感谢我们每位参加管理见习工作的校长，由于有了每位校长的积极响应和踊跃参与，并服从各管理见习组长的领导和指挥，才使我们参训校长思想统一、步调一致、目标明确、见习效优,才取得了管理见习工作的圆满成功。

一周的管理见习工作时间虽然短暂,但每位校长都有很大的收获,通过听取管理见习学校领导对各自办学的基本情况、办学理念、教育教学管理、教改举措、办学特色和办学成果等方面的专题介绍,校长们都深深地被管理见习学校的领导班子团结奋进和师生勤教乐学的优良精神风貌所感染,从中学到了许许多多先进的、独特的教育教学管理理念,以及成功的办学新思路和新方法,分享到了在名校长带领和名师们共同努力之下取得的骄人业绩和优秀教育教学及科研成果的喜悦。各校都向我们展示了优美的育人环境和优质的管理服务,使我们学到了许许多多在书本上、课堂内学不到的新知识和教育管理的成功经验。

我们参观了环境优美的校园,学习氛围浓厚的教室,教改科研气氛浓郁的办公室,与政教、教务、总务各处室领导进行了深度交流(如10月23日上午参观考察金华四中)来提高管理见习的效果。见习周我们到了普高、职高、初中、小学四个层次的学校,先后造访了高中永康一中、金华艾青中学;职校考察了永康职技校;初中造访了东阳横店一中、兰溪聚仁学校;小学我们参观了九年一贯制兰溪聚仁学校,共计参观考察了六所学校。通过考察,我们感受到了名校深厚的文化底蕴。通过与名校领导们的深度交流,大家真切地明白了"一个好校长就是一所好学校"的深刻内涵,明白了一所名校之所以成为名校的内在必备条件和精神文化要素,也领悟到"一流校长抓文化;二流校长抓管理;三流校长抓质量"的哲学要义。大家在管理见习中非常认真地倾听了各校校长办学特色的经验介绍,观看了各校教育教学成果和科研成果的画廊和展板,参观了展示室和校史室,观看了兰溪聚仁学校由中央电视台录制的"心理访谈"栏目的专题片和"家校社区"三位一体的假期德育实践活动《在实践中体验,在体验中成长》活动短片。我们了解到特色学校创建与特长生培养打造的方法和途径,与管理见习学校的领导一起分析学校教育的现状；在见习中也明白了如何正确对待当今教育的困惑、尴尬和难题，并与见习学校的领导共同分析探究，寻找如何破解当今教育教改中所面临的困境和难题，共话教改希望的明天，憧憬教育美好的未来。

通过此次管理见习的考察学习对比分析，校长们也找到了与名校的差距和自身存在的不足。校长们通过管理见习正在思考如何学习借鉴名校、名师、名校长的成功经验，如何设法缩短与名校的差距，如何调动教职工的工作积极性，激发广大教师的工作热情、真情和激情。如金华四中童桂恒校长的管理理念：1.用心办好教职工关心的事情（例证一：如何破解金华四中食堂管理的难题）；2.用情做好学校的重要事情（例证二：如何利用各种外部资源解决教职工子女的读书问题的后顾之忧）；3.用力做好学校管理中的日常事情（例证三：班主任队伍的团队建设、学科备课组的团队建设、年级组的团队建设，抓好青蓝工程如何培养后备干部和人才梯队，为学校持续发展增添活力，使学校保持高位运行的旺盛生命力。单校长介绍了管理要素和规范工作流程：规划制定、组织实施、督促检查、考核评价、总结反思、表彰激励。他还强调"一分计划，九分落实；一分计划，九分执行"。从中道出强化学校管理中的执行力是关乎学校工作成败的关键所在。本人也深受启发，悟出了打造名校的一个数学等式：

名校＝优质生源＋优质师资＋规范管理和科学高效的教育方法＋公开、公平、公正的竞争激励机制

10月28日，校长们考察了东阳横店一中，聆听了杜俊杰校长对横店一中办学特色与学校管理经验的介绍。横店一中有优越的地理位置（地处横店镇核心区块）。学校设施齐全先进，有音、体、美专用教室，一场多用的剧场，还有录播室。学校教学质量位居东阳市前茅。学校特色鲜明，体育特色和艺术特色等在省内有名。

杜校长在介绍学校管理时，就如何调动教师的积极性；如何科学安排教师课务，以做到人尽其才；如何力求平行班之间达到生源平衡、

师资平衡和教学资源平衡，从而创设教师间公平竞争的环境；如何处理开展教师间的公平竞争与鼓励教师开展合作之间的关系；如何精心谋划学校的大型活动；如何做到工作零差错和学校零事故等校长们在平常工作中经常碰到又比较棘手的问题做了生动而精彩的介绍，博得与会校长们的阵阵掌声。

10月29日上午，校长们考察了永康一中，聆听了永康一中华康清校长的独特的办学思想。华校长谈了五个话题：改革、合作、德育、生源、师资；阐述了六个关键词：改革、合作、责任、德育、生源、师资。他的报告令人耳目一新。

华校长是一个喜欢"第一个吃螃蟹"的人，也是一个出了名的教育思想家、教育改革家和社会活动家，他提出的办学思想和改革理念大胆，有独创性、前瞻性、开创性；他敢做敢当，敢冒风险，勇于实践、勇于担当，在担任永康职业技术学校校长15年间，他执政的理念就是"改革、合作、责任"，他施行的一系列改革举措使永康职技校实现了跨越式发展，使一所名不见经传的职技校一跃成为全国知名的中职学校、国家级示范职业技术学校，他也成了我省职教事业的领军人物。他先后在清华大学、北京大学等知名大学做职教改革的演讲，传播他的教育改革思想。《中国教育报》等全国数十家报刊报道了他的改革事迹，国家级电视台也做了多次专访。

华校长介绍，他在永康一中继续秉承"改革、合作、责任"的理念进行大刀阔斧的改革，实行学校中层干部、班主任、学科老师全员自荐、专家评审和会审遴选的竞聘上岗制，开展了一系列促进教师合作、强化教师责任的改革，使永康一中变得有生机、有活力、有朝气。

10月29日下午，校长们考察了永康职技校，副校长夏其明介绍了永康职技校发展的历史，介绍了目前学校如何继续秉承华校长的办学理念，抓好学校的教育教学工作。夏校长还特别介绍了永康职技校目前的育人工作经验，即做到教育育人常态化，利用班会、校会、晨会等时段开展；榜样育人经常化，邀请名人名家、成功人士、社会名流、名师名生、有作为的家长等来校讲学。管理育人精细化，细心、用心，精心。服务育人优质化，用爱心、诚心、热心关注每个学生的学、衣、食、住、行、乐、安；环境育人优美化，将学校创建成为学园、乐园、花园、文化园；知心育人深入化，要求教师育人做到从外到内，由表及里，从显性到隐性，由口到心。

10月30日，校长们考察了兰溪聚仁学校（九年一贯制学校）。这是兰溪市基础教育的一艘航母，一个集团三个校区，340多名教师，6000多名学生，规模大、管理活、活动多、质量高。校长、特级教师郭慧重点向我们介绍了《在实践中体验，在体验中成长》的德育工作经验。她介绍了"学校、家庭、社区"三位一体的德育实践活动的指导思想，活动的目的和意义，活动开展的形式内容，收到了哪些实效，产生了怎样的社会反响等情况，同时还介绍了"开放、引领、互动"家校合作新模式探究的活动情况，观看了两个专题片。从郭校长的谈吐、语音、语词、语速可知她是个非常有实力和魅力的校长，她思维之创新，作风之务实，管理之精细，成效之显著，学生之优秀，家长之满意，社区之赞扬，社会之美誉，让参观学习的每位校长领略到了其巾帼不让须眉的女校长的风采。

郭慧是个非常有发展谋略和改革策略的校长，她办学理念先进，思想前沿，活力四射；她善于思考，不断总结，勤于提炼；她善于拓展办学市场，长于精细管理运作，勇于创新实践探究。这是校长们在此次见习所学到的新智和新慧。

10月31日，校长们考察了金华艾青中学，聆听了陈章弟副校长关于学校办学特色、教学管理经验以及学校发展的宏伟蓝图的畅想。艾青中学校训是"修德、启智、求真、创新"，其办学特色有三："爱与责任；专注教育（教师专注教学，学生专注学习）；国际视野（引领往前看的标杆）。"

作为分管教学的副校长，陈校长着重介绍了他们学校如何抓好学校教学管理的一些做法：

1. 在学生中大力倡导专注学习的"四个率"：晨读的开口率；上课的抬头率；自修课的埋头率；晚自习的到位率。

2. 强化学生学习的16字要诀："入室即静，入座即读，快速投入，持续专注。"

3. 加强制度调控，强化科学管理。

艾青中学齐全的设施、健全的制度、精细的管理、勤奋的学风、优良的教风、务实的作风、独特的文化、丰硕的成果，赢得了良好的社会声誉。

金华教育学院干训处　陈永龙

2013 年 11 月 4 日

四、培训特色

十年来，学院根据需要每年举办一至二期校长任职资格培训，按照国家对校长任职资格培训的基本要求，始终坚持从学员需求出发，坚持以学员为本，扎扎实实做好每一期的培训工作，校长任职资格培训体现了以下几个特点。

（一）主管部门重视

校长培训是政府行为，提高校长的素养和能力也是教育行政部门必须努力去实现的目标。金华市教育局及各县（市、区）的教育局都十分重视校长培训工作，以此来推进校长队伍的建设。金华市教育局的分管领导亲自参加每一期的校长任职资格培训班的开班典礼，并做重要讲话，对新任的校长提出培训要求，并且亲自给培训班的学员做专题讲座，如原金华市教育局应恩民局长、许璋副局长、戴玲副局长，现任的姜焜副局长、陈志恒党委委员、杨卫玲直属机关党委书记等都给校长班的学员讲过课。平时，市教育局还组织召开校长座谈会，了解校长们的工作情况和需求，与校长进行零距离的接触。许多县（市、区）教育局领导来到学院，了解本县（市、区）参加培训的校长学习情况，并提出要求，促使校长认真参加培训。由于行政主管部门的重视，学员的学习也很认真。

（二）课程设置合理

学院在设置培训班的培训课程时，将教育部的《中小学校长任职资格培训指导性教学计划》、当年的国家政策要求和基础教育改革的趋势、校长的需求作为依据，课程设置包含了新任校长必须掌握的学校管理的基本理论、教育政策法规、现代教育理论等基本知识，体现了校长任职资格培训要求的"应知应会"的特点。同时，突出学校管理的实践课程，每期都安排了多次名校长经验介绍和名校参观学习，以满足校长尽快提高学校管理水平和能力的需求。

（三）培训管理严格

每期培训班都制定班规班纪，并严格执行。强化过程管理，认真做好上下午各一次的点名工作；实施民主管理，充分发挥学员参与培训的积极性与主动性；抓好终端管理，认真抓好学员的每一项考核。

（四）基地作用彰显

金华市教育局以文件的形式公布高中、初中、小学校长任职资格培训实践基地学校，这些学校都是金华市的名校，它们各有特色，名校校长们自身的理论水平和管理实践能力比较高，发挥了良好的辐射和示范作用，也为任职资格培训班学员的观摩学习创造了条件。学员们在培训期来这些学校，都感觉收获很大，优秀校长的经验介绍、优秀教师的课例观摩、校园文化的不同展示，令人耳目一新。

（五）强化实践提高

每一期任职资格集中培训结束后，学院要求学员进行为期一年的在岗研修，学员在工作中实践所学理论，完成反思，撰写论文和考察报告，理论水平和实践经验都得到不同程度的提高，充分体现了理论与实践相结合。

五、培训效果

（一）初步完成了新任校长知识体系的建构

学员通过学习，初步了解了学校管理的基本原理、有关教育政策法规、教育科研方法、新课程及校本课程的推进体系，初步掌握了一位新任校长应该具备的知识和技能。

（二）有效提升了新任校长履行岗位职责的能力

学员通过培训，比较系统地掌握了邓小平理论和科学发展观的基本观点，熟悉国家的教育法规和政策，具有依法治教的意识和能力；掌握课程改革的基本理论和方法、现代学校管理理论知识以及管理实践的技能与方法，提高了学校的管理能力；树立了开放式的终身学习观。

（三）圆满达到了预期的培训效果

班主任认真考勤，作业认真批改，认真组织每一门课程的考试、阅卷、成绩登记，并能及时跟踪反馈，认真倾听学员的合理化建议。每一位学员报到时班主任填写学员登记表，结业时填写结业鉴定表，有个人总结、小组鉴定、干训处意见、学院意见。这些举措确保了培训的实效性，达到了预期的培训效果。

第二节　校长在职提高培训

校长在职提高培训是指已经取得"任职资格培训合格证书"的全日制中小学（含民办学校）在职校长，进行以学习新知识、掌握新技能、提高管理能力、研究和交流办学经验为主要内容的培训。教育部《中小学校长培训规定》（中华人民共和国教育部令第8号）第五条规定："在职校长每五年必须接受国家规定时数的提高培训，并取得'提高培训合格证书'，作为继续任职的必备条件。""培训时间每五年累计不少于240学时。"

金华市的中小学校长培训始于20世纪90年代，1999年12月30日教育部颁布了《中小学校长培训规定》，从2000年开始，全面按照教育部的要求，金华市的中小学校长提高培训进入正常化、规范化、科学化的轨道。特别是近十年来，更是在正常化、规范化的前提下，不断开展培训研究，创新培训模式，提高培训质量，取得了较为理想的成果。

一、培训目标

在职校长提高培训的总目标可以描述为学习新知识、掌握新技术、研究新方法，提高管理能力和水平。

教育部在 2001 年颁布的《中小学校长提高培训指导性教学计划》中对培训目标做出了如下规定：

在任职资格培训的基础上，通过提高培训，达到以下要求：

一是了解当代社会、经济发展形势和国内外教育改革与发展动态，开阔视野，了解教育科学新知识，研究和掌握教育规律，进一步提高组织实施素质教育的能力和水平。

二是掌握现代管理理论和学校管理理论，研究学校管理规律，了解并基本掌握现代教育技术，进一步提高管理水平和依法治校的能力。

三是进一步增强学习意识和创新意识，更新知识结构，提高学习能力和创新能力。

中小学校长的提高培训与校长的任职资格培训有很大的不同。提高培训的内容更多的是根据教育发展形势的需求、中小学课程改革的需求、学员（校长）工作中的需求而确定，其学习形式也不是集中培训一个月或两个月，而是以 3 至 5 天为单位，学习内容是以主题为单位进行的，因此，每一个主题培训的目标都是不一样的。教育部颁布的培训目标只是提高培训的总体概括性的目标，学院在具体展开培训的时候，将根据不同的专题内容确定不同的培训目标。

二、培训课程

学院组织的金华市中小学校长提高培训课程是在教育部《中小学校长提高培训指导性教学计划》的框架下，根据金华市已参加过校长任职资格培训的中小学校长的实际以及基础教育改革与学校管理的实际需要而开设的课程。它具有针对性、开放性的特点。近十年来金华市中小学校长提高培训也可以分为两个阶段。第一个阶段，2006 年至 2010 年，即"十一五"期间的校长提高培训，其培训的课程设置是在教育部《中小学校长提高培训指导性教学计划》的课程设置框架下，根据基础教育形势及学院对校长的需求调查，每年确定 5—6 个培训主题，每个主题围绕某个问题开设若干个专题；而第二个阶段，2011 年至 2015 年，即"十二五"期间，由于浙江省教育厅对中小学教师培训制度进行了重大改革，全省的培训工作坚持"培训机构开放竞争、教师自主选课"的原则，学院的校长提高培训课程无统一的规定，遵循"十一五"期间的"主题组班、滚动培训"的模式由项目负责人根据自己的优势、校长的需求，自主确定培训主题，设置培训课程。

2006 年至 2010 年，即"十一五"期间的校长提高培训，教育部《中小学校长提高培训指导性教学计划》中设置了 160 学时的 14 个基本专题、60 学时的选修专题和 20 学时的综合管理实践，其具体的课程设置如下：

中小学校长提高培训课程计划表

课程	专题	学时	教学目标与要求	主要内容
基本专题	当代社会与教育	10	了解当代社会发展趋势及其对教育的影响，开阔视野	1.社会可持续发展与教育 2.科教兴国战略 3.当代政治和国际关系 4.当代经济与教育 5.当代科技进步与教育发展
	比较教育	10	了解有关国家教育改革和发展动态，增强改革意识	有关国家教育改革和发展比较
	教育法规与政策	10	熟悉新颁发的教育法规和教育政策，研究实施过程中的疑难问题，进一步增强依法治校的自觉性，提高依法治校的能力	1.新颁发的教育法规和教育政策 2.中小学教育法制疑难问题及其案例 3.国内法制建设概述
	素质教育	10	了解素质教育研究和实践的新成果，进一步提高组织实施素质教育的能力和水平	1.素质教育的理论与实践 2.素质教育典型经验
	当代教育理论	10	了解当今国内外教育理论主要流派及其基本观点，提高教育理论素养	1.国内外教育理论流派及其产生的背景 2.各种教育流派的主要观点及其启示
	中小学德育	10	把握新时期学校德育工作的规律，提高德育管理工作的能力	1.德育理论与实践 2.德育工作典型经验分析
	课程改革与教学改革	20	了解课程与教学改革的基本思想，提高学校课堂教学质量；明确学校在课程开发中的任务，掌握学校课程开发的策略与方法	1.课程改革的历史与现状 2.课程编制、管理与评价 3.课堂教学模式改革 4.学校课程开发的基本知识 5.学校课程案例研究
	学校管理	10	了解现代管理理论发展新成果，掌握学校管理理论和实践新成果，总结、交流办学经验，进一步提高管理学校的水平	1.现代管理和学校发展理论 2.学校内部管理体制改革 3.学校人力资源管理 4.校长素质与领导艺术 5.学校管理案例分析

课程	专题	学时	教学目标与要求	主要内容
基本专题	学校成本效益分析	10	认识成本分析在学校管理中的作用,学会运用基本的成本效益分析方法,提高学校管理效能	1.教育成本核算及成本控制 2.教育成本效益分析
	学校诊断咨询	10	掌握学校诊断咨询的基本方法,提高自我诊断能力	1.学校诊断咨询的基本知识和方法 2.学校诊断咨询案例
	学校心理	10	了解学生和教师心理,掌握心理健康教育的基本理论和方法	1.学生心理 2.教师心理 3.心理咨询与辅导
	教育评价	10	掌握教育评价的基本知识和方法,运用评价手段,改进学校工作	1.现代教育评价原理 2.发展性教师评价 3.发展性学生评价 4.学校教育质量保障体系
	现代教育技术	20	了解现代教育技术的新发展及其在学校的应用	1.计算机及网络应用 2.校园网建设 3.课件制作知识及运用
	教育科研	10	了解教育科研的新知识和新方法,进一步提高自身研究素养和组织学校教育科研的能力	1.教育研究发展动态 2.学校开展教育科研典型案例
选修专题		60	因地制宜,满足校长的多样化需求	1.素质教育的理论探索 2.学校特色的理论与实践 3.学校的发展以及学校领导者的发展 4.学校教育与管理的现代化 5.课改形势下的教师角色转换 6.心理健康教育专题
综合管理实践		20	运用所学理论研究改进学校工作,进一步提高分析和解决实际问题的能力	1.进行教育考察 2.设计学校改革方案 3.研讨交流、分析案例
总计		240		

在上述课程框架下,学院每年确定 5—6 个培训主题(课程),每个主题围绕某个问题开设若干个专题,供校长选择其中的两个主题(上半年、下半年各选一个)参训培训。

2006 年到 2010 年,学院组织的中学校长提高培训中开设过以下主题培训:

一、中学校长提高培训"当代社会与教育"主题培训计划

(一)培训日的要求

了解当代社会发展趋势、科教兴国战略、当代政治与国际关系、中国加入 WTO 及其对教育的影响,开阔学员视野。

(二)培训内容安排

1. 社会可持续发展与教育（主讲：金华市教育局应恩民局长），半天；

2. 科教兴国战略（主讲：学院毛继书院长），半天；

3. 当代政治与国际关系（主讲：浙师大教授），半天；

4. WTO与中国教育（主讲：学院干训处阮为文处长），半天。

（三）培训学时

16学时。

（四）要求

1. 组班教师编一份资料给培训学员；

2. 参训校长学习完本专题以后，提交一篇作业。

项目负责人：张慧忠

二、中学校长提高培训"教育与社会发展"主题培训计划

（一）培训目的要求

了解当代社会发展趋势，了解金华区域发展与教育的关系，了解企业创新与教育，进一步加深对教育与社会发展规律的认识。

（二）培训内容安排

1. 区域发展与教育（主讲：金华市教育局应恩民局长），半天；

2. 中国传统文化与教育（主讲：胡吉省副教授），半天；

3. 当代政治与国际关系（主讲：浙师大教授），半天；

4. WTO与中国教育（主讲：阮为文副研究员），半天；

5. 参观高科技企业，听取企业创新与员工培训的经验介绍，一天。

（三）培训学时

24学时。

（四）要求：每位参训校长培训结束后提交一份学习体会。

项目负责人：张慧忠

三、中学校长提高培训"WTO 与创新教育"主题培训计划

（一）培训目的要求

"创新是一个民族进步的灵魂。"创新教育是加入 WTO 后客观形势对我们的迫切要求，是现行教育体系新一轮全面而深刻的改革，创新教育势在必行。通过教学与研讨，使学员明确中学实施创新教育的重要性和必要性；掌握创新教育的概念、含义；了解创新教育的主要内容；懂得一个学校实施素质教育必须具备的条件、要素，特别是要把 WTO 与教育管理创新作为研讨的重点，提高自觉实施素质教育的能力和水平。

（二）培训内容安排

1. 创新教育的理论与实践（主讲：魏昌喜），半天；

2. WTO 与教育管理创新（主讲：外聘老师），半天；

3. 创新教育先进经验介绍（主讲：校长），半天；

4. 撰写论文，半天。

（三）培训学时

16 学时。

（四）要求

1. 请思考你对创新教育的想法、建议、疑问；

2. 交一篇创新教育的体会文章或论文。

项目负责人：魏昌喜

四、中学校长提高培训"比较教育"主题培训计划

（一）培训目的要求

通过培训，使学员了解当代有关国家基础教育的改革和发展情况及中外基础教育异同，增强改革意识，积极探索中国学校教育改革发展之路。

（二）培训内容安排

1. 中美基础教育比较研究（主讲：毛继书院长），半天；

2. 中英基础教育比较研究（主讲：浙大教育系比较教育教研室主任吴雪萍教授），一天；

3. 中澳基础教育比较研究（主讲：金华市第十五中学校长朱德明），半天。

（三）培训学时

16学时。

项目负责人：徐高虹

五、中学校长提高培训"学生伤害事件及学校责任"主题培训计划

（一）培训目的要求

依法治国，依法治教，是新世纪新形势、新发展的迫切要求。中学校长作为学校的管理者，更要对法律有一个明确的认识和深刻的理解。学校是社会的一部分，它所面对的法律问题是多方面的，未成年学生由于自身和社会的多种原因，使其很容易遭受伤害事件。学生意外事故发生后，如何妥善处理这类事故，如何解决学校和家长的纠纷，以及学校如何防范这类事故的发生，这些都是培训要探讨的领域和要解决的问题。

（二）培训内容安排

1. 全国中学（主要为金华地区）近些年来发生的学生伤害事件，解决途径，借助的法律依据和相应内容分析（主讲：浙中律师事务所张文忠律师），一天；

2. 学员代表提供案例，讲解解决方法和途径，学员相互探讨，取长补短，半天；

3. 目前相关问题在法律上的一些理论研究和新的立法状况介绍及其实际应用（主讲：教育学院茅珠芳老师），半天。

（三）培训学时

16学时。

（四）学员要求

1. 要求每个学员必须准备至少一个本校曾发生的学生伤害事件案例，在报到时上交组班老师；

2. 学员代表认真准备案例，无故不得推脱，学员积极配合，共同探讨有利方案。

项目负责人：茅珠芳

六、中学校长提高培训"新劳动合同法解读"主题培训计划

（一）培训目的要求

通过培训，对新《劳动合同法》有较全面的了解，特别是对"劳动合同法"与学校的关系、在教师人事管理中应注意的问题等方面有更全面深刻的认识，实现依法治校，依法治教。

（二）培训内容安排

1. 劳动合同法条文（主讲：茅珠芳），半天；

2. 劳动合同法主要条文解读（主讲：周功满博士），半天；

3. 劳动合同法和学校关系（主讲：周功满博士），半天；

4. 案例分析及疑难解答（主讲：李鹏处长），半天。

（三）培训学时

16学时。

项目负责人：茅珠芳

七、中学校长提高培训"大教育家教育思想"主题培训计划

（一）培训目的要求

通过培训，拓展校长的视野，增长校长的教育史知识，借鉴教育家成功的管理思想，学习教育家的先进教育理念。

（二）培训内容安排

1. 孔子的教育思想及启示（主讲：陈志沛硕士），半天；

2. 加德纳的教育思想及启示（主讲：傅梅芳副教授），半天；

3. 蔡元培的教育思想及启示（主讲：张慧忠），半天；

4. 梁启超的教育思想及启示（主讲：任幸芳副教授），半天；

5. 夸美纽斯的教育思想及启示（主讲：徐高虹），半天；

6. 杜威的教育思想及启示（主讲：吴秀文硕士），半天；

7. 萨乔万尼的教育思想及启示（主讲：浙师大博士），半天。

（三）培训学时

28 学时。

项目负责人：张慧忠

八、中学校长提高培训"课程与教学改革"主题培训计划

（一）培训目的要求

通过学习和研讨，使学员了解课程与教学的基本理论、历史发展和现状，提高学员分析和研究解决实际问题的能力以及推动新课程改革的能力。

（二）培训内容安排

1. 课程改革的理论与实践（主讲：浙江省教研室王而冶主任），半天；

2. 综合实践活动课程的开展（主讲：浙江省教育学院吴卫东副教授），半天；

3. 校本课程（主讲：外聘教师），半天；

4. 新智育观与教学设计（主讲：金华教育学院傅梅芳副教授），半天；

5. 活动与研讨，半天；

6. 课改实践考察，半天。

（三）培训学时

24 学时。

（四）要求

1. 学员要完成一个报告：课堂教学改革的实例一则（可写某个具体的环节改革）；

2.组班教师准备几份学习资料。

项目负责人：傅梅芳

九、中学校长提高培训"现代德育的理论与实践"主题培训计划

（一）培训目的要求

通过教学研讨，要求培训学员认清形势，了解入世以后学校德育工作面临的新情况、新特点，把握新时期学校德育工作的规律，加强德育工作的针对性，提高德育管理工作的能力和水平。

（二）培训内容安排

1.WTO与学校德育（主讲：浙江教育学院邱卫东副教授），半天；

2.德育从传统向现代转化的若干问题（主讲：浙师大吴立德教授），半天；

3.活动研讨：新时期学校德育的困境及出路（阮为文主持），半天；

4.考察金华市德育工作先进单位东阳市实验中学，一天。

（三）培训学时

20学时。

（四）要求

1.每个参训校长必须写一则德育管理案例及分析，培训时上交；

2.你校在新时期学校德育工作中的成功做法及需要研究的主要问题是什么？写成书面材料于培训时交流并上交；

3.组班教师编一份资料给培训学员。

项目负责人：阮为文

十、校长提高培训"基础教育课程改革与教师行为改变"主题培训计划

（一）培训目的要求

通过专题讲座、研讨和参观，使校长了解教师行为改变是基础教育课程改革的关键。初步了解教师行为改变的途径和方法，以及校本

培训的重要性。

（二）培训内容安排

1. 教师在教育行动中成长（主讲：浙师大张天雪教授），半天；

2. 课程资源的开发与校本培训（主讲：浙师大傅建明教授），半天；

3. 从新课程改革方案看新课程内容的发展趋势（主讲：国家课改专家组成员 北师大康伟平博士），半天；

4. 改善教师行为的几种研究方式（主讲：外聘教师），半天；

5. 新课改与教师课堂教学行为的改变（主讲：傅梅芳副教授），半天；

6. 研讨，半天；

7. 考察新课程实验学校，一天。

（三）培训学时

32 学时。

（四）要求

1. 学员结合本校实际完成一份改善教师行为的方案设计；

2. 组班教师提供一份学习资料；

3. 组班教师注意研讨的方式方法，采用学员喜爱的方式使培训更有效。

项目负责人：傅梅芳

十一、中学校长提高培训"国外现代教育理论及其评述"主题培训计划

（一）培训目的要求

通过培训，对当代建构主义理论、合作学习理论、多元智能理论、终身教育理论、后现代主义教育理论有一个比较全面的了解，提高校长的教育理论修养。

（二）培训内容安排

1. 建构主义理论及其评述（主讲：浙江大学徐晓霞），半天；

2. 合作学习理论及其评述（主讲：浙江大学徐晓霞），半天；

3. 多元智能理论及其评述（主讲：傅梅芳副教授），半天；

4. 终身教育理论及其评述（主讲：毛继书副教授），半天；

5. 后现代主义教育理论及其评述（主讲：张慧忠），半天。

（三）培训学时

20 学时。

项目负责人：张慧忠

十二、中学校长提高培训"新课程背景下的学校教育评价改革"主题培训计划

（一）培训目的要求

教育评价改革是新课改的重要内容。通过培训，使参训校长对中国教育评价的历史与发展趋势有一个大致的了解，对于新课改对评价改革的要求有一个全面、正确的认识，能够掌握实施发展性教师评价和发展性学生评价的要点和注意事项，提高新课程背景下学校教育评价改革的实施能力和水平。

（二）培训内容安排

1. 中国教育评价的历史与发展趋势（主讲：浙师大刘尧教授），半天；

2. 学校教育质量评价（主讲：浙江省督学、金华市教育局副局长许璋），半天；

3. 发展性教师评价（主讲：浙江教育学院肖远军博士、副教授），半天；

4. 发展性学生评价（主讲：傅梅芳副教授），半天；

5. 研讨：新课程背景下学校教育评价的困惑及对策，半天；

6. 考察市内一所教育评价示范性学校，一天。

（三）培训学时

28 学时。

项目负责人：阮为文

十三、中学校长提高培训"校本管理与管理现代化"主题培训计划

（一）培训目的要求

校本管理是以学校为本位或以学校为基础的管理，强调教育管理重心的下移，使学校成为自我管理、自主发展的独立法人实体，从而提高学校管理的有效性。通过培训，使校长对学校管理现代化以及校本管理的内涵、特点、要求有比较全面的了解，学习优秀学校校本管理经验，提高校长实施校本管理和管理现代化的能力。

（二）培训内容安排

1. 学校管理现代化建设的十大策略（主讲：金华市教育局刘宝剑副局长），半天；

2. 21 世纪教育管理的前沿理论及发展趋势（主讲：浙师大杨天平教授），半天；

3. 校本管理的理论与实践（主讲：原金华教育学院院长毛继书），半天；

4. 校长论坛：对校本管理的认识、思考与策略，半天；

5. 考察金华市内在校本管理方面出色的学校一所，一天。

（三）培训学时

24 学时。

项目负责人：阮为文

十四：中学校长提高培训"热点论坛：校长如何促进教师专业成长"主题培训计划

（一）培训目的要求

本次培训以活动和互动为主要特点，以围绕学校工作中如何实现促进教师专业的快速成长为主要议题，以一线的名校长作为专业的引领，使参训的校长对如何促进本校教师的专业成长有更深刻的认识，获得更丰富的手段和方法。

（二）培训内容安排

1. 开班式：破冰之旅——相逢是缘（团队建设活动）（主讲：阮

为文），半天；

2. 教师素质的提升——学校管理的职责与使命（主讲：金华一中高亚军校长），半天；

3. 教师管理的途径——师本管理与制度管理（主讲：金华教育学院教管系主任傅梅芳），半天；

4. 名校长经验分享——教师素质提升与校领导的作用（主讲：汤溪中学校长丰建林），半天；

5. 学员经验分享——校长促进老师素质成长之我校做法（主讲：学员代表），半天。

（三）培训学时

20 学时。

项目负责人：阮为文

十五、中学校长提高培训"校长与教师专业发展"主题培训计划

（一）培训目的要求

通过培训提升校长在促进教师专业发展和教师队伍建设方面的能力。

（二）培训内容安排

1. 校长与教师专业发展（主讲：浙江师范大学研究生院常务副院长楼世洲教授），一天；

2. 促进教师发展的途径与方法（主讲：义乌四中副校长陈伏亮），半天；

3. 学校教师队伍建设典型经验介绍（主讲：永康职业技术学校校长华康清），半天；

4. 学校参观、考察衢州二中教师专业发展做法及经验，一天。

（三）培训学时

24 学时。

项目负责人：徐建华

十六、中学校长提高培训 "校长领导力提升的理论与实践" 主题培训计划

（一）培训目的要求

通过培训，使参训校长了解和掌握校长领导力的内涵和外延，提高校长领导力的路径与方法，并通过学校管理实践，提高中学校长的领导力。

（二）培训内容安排

1. 校长领导力的提升与实践（主讲：浙江大学吴华教授），半天；

2. 校长的规划能力——学校发展规划的制定与实施（主讲：浙江大学吴华教授），半天；

3. 校长的课程领导力——学校课程建设（主讲：浙江外国语学院肖远军教授），半天；

4. 校长的文化领导力——学校文化建设（主讲：浙江外国语学院肖远军教授），半天；

5. 校长创品牌学校的能力——以永康市职业技术学校为例（主讲：永康职业技术学校校长华康清），半天；

6. 提升校长领导力研讨与交流（主持：金华教育学院阮为文），半天。

（三）培训学时

24 学时。

项目负责人：阮为文

十七、初中校长提高培训 "初中教师考核与绩效工资问题探讨" 主题培训计划

（一）培训目的要求

通过培训，使参训校长进一步了解实施绩效工资的意义、操作要求及注意的问题，掌握初中教师考核的相关要求，探讨实施绩效工资过程中存在的问题，寻求进一步做好实施绩效工资的办法。

（二）培训内容安排

1. 金华市义务教育绩效工资实施情况分析（主讲：金华市教育局

人事处傅学星），半天；

2. 实施义务教育绩效工资过程中的初中教师的考核与评价（东阳南马镇中张义云），半天；

3. 实施绩效工资过程中对教育考核工作的经验交流，半天；

4. 实施绩效工资过程中存在的主要问题及解决对策研究，半天。

（三）培训学时

16 学时。

项目负责人：阮为文

十八、中学校长提高培训"学校心理辅导"主题培训计划

（一）培训目的要求

深刻理解学校心理辅导的实质及其重要性，进一步掌握学校心理辅导的理论和方法，组织研讨学校心理辅导工作的开展与改善。

（二）培训内容安排

1. 心理辅导的实质及其发展趋势（主讲：浙师大教科院李伟健院长），半天；

2. 教育创新与心理健康（主讲：金华市教育局许璋副局长），半天；

3. 师生常见的问题心理与调适（主讲：金华教育学院张晓泳副教授），半天；

4. 学校心理辅导的理论与实践纵谈（请参训校长做典型发言），半天；

5. 参观一所心理辅导实验学校（金华二中），半天；

6. 活动与研讨：本校的心理辅导及改善，半天。

（二）培训学时

24 学时。

项目负责人：张晓泳

十九、中学校长提高培训"教师心理健康研究"主题培训计划

（一）培训目的要求

通过培训，进一步提高校长对教师心理健康的认识，了解当前教师心理健康方面存在的问题，掌握提高教师心理健康水平的策略。

（二）培训内容安排

1.从师源性心理障碍看当前学校心理健康教育（主讲：浙江教育学院，现名浙江外国语学院高亚兵副教授），一天；

2.教师心理健康的现状与对策研究（主讲：浦江教师进修学校方方特级教师），一天；

3.研讨交流，半天；

4.参观考察心理健康教育优秀学校，一天。

（三）培训学时

28学时。

项目负责人：金喜庆

二十、中学校长提高培训"心理保健与辅导"主题培训计划

（一）培训目的要求

通过培训，使校长了解学校心理保健与辅导的重要性，掌握学生心理健康教育方面存在的问题与方法，引导青少年进行正常异性交往，正确地宣泄或控制情绪，提高学生的心理健康水平。

（二）培训内容安排

1.和谐心理的维护和促进（主讲：浙师大刘宣文教授），一天；

2.青少年学生异性交往辅导（主讲：浙江教育学院，现名浙江省外国语学院林于萍副教授），半天；

3.情绪法则与调控（主讲：金华职业技术学院徐兴建副教授），半天；

4.参观考察（金华市心理卫生咨询中心，金华市第二医院内），一天。

（三）培训学时

24 学时。

项目负责人：汪金翎

二十一、中学校长提高培训"现代远程教育"主题培训计划

（一）培训目的要求

通过本课程的学习，学员能够了解现代远程教育技术的历史、现状、发展趋势；了解远程教育技术在学校教育中的应用以及远程教育系统的硬件结构组成；了解常见远程教育系统设备的选择标准，为以后学校建设远程教育系统打下一定的基础。

（二）培训内容安排

1. 远程教育的历史、现状及发展趋势（主讲：浙师大教育科学与技术学院院长张剑平教授），半天；

2. 远程教育教学应用（主讲：外聘大学教授），半天；

3. 远程教育系统结构组成（主讲：金华教育学院楼程伟），半天；

4. 实地参观、接触远程教学系统设备及应用，（半天）。

（三）培训学时

16 学时。

项目负责人：楼程伟

二十二、中学校长提高培训"校园网络与应用"主题培训计划

（一）培训目的要求

通过学习，掌握网络的基本知识，了解校园网络的规划、设计的基本指导思想，了解校园网络实施的基本软件、硬件要求，明确校园网络在日常教学、管理以及后勤保障等工作中的重要作用，能指导本单位的校园网络建设，并能为校间网络互联以及教育网络的建设提出建设性意见。

（二）培训要求

掌握本课程的内容，要求学员熟练掌握计算机基本操作，熟悉常见软件的操作以及网络操作。

（三）培训内容安排

1. 网络基本知识及应用（主讲：应根基），半天；

2. 校园网构造的软、硬件需求分析及发展技术展望（主讲：浙师大梁玖祯博士），半天；

3. 校园网络的规划、设计、实施与应用（主讲：金华二中李永前），半天；

4. 参观校园网络建设示范学校（金华二中），半天。

（四）培训学时

16 学时。

项目负责人：应根基。

二十三、中学校长提高培训"多媒体课件制作"主题培训计划

（一）培训目的要求

通过培训，使参训校长掌握多媒体素材的采集和处理，能够使用 Authorware 制作多媒体课件，提高多媒体课件制作的能力和水平。

（二）培训内容安排

1. 计算机辅助教学基础知识和最新动态介绍（主讲：浙师大教授），半天；

2. 多媒体素材的采集和处理（主讲：楼程伟），一天半；

3. 使用 Authorware 制作多媒体课件（主讲：楼程伟），四天。

（三）要求

具有一定计算机基础知识和操作能力的从事学科教学的校长。通过本课程的学习，参训者可以掌握基本的课件制作方法，并且能够独立制作本人平时上课所需要的课件。

（四）为了确保培训质量，每班人数限制在 45 人以内，确保学员每人一台电脑，所有电脑能上网，并有数个大屏幕投影教室专供培训

班教学使用。

（五）培训学时

48学时。

项目负责人：楼程伟

二十四、中学校长提高培训"信息化教育"主题培训计划

（一）培训目的要求

通过培训，帮助参训校长了解信息化教育的要求和趋势，树立信息化教育的观念，提高信息化教育的能力。

（二）培训内容安排

1.信息技术与课程的整合（主讲：浙师大蔡铁权教授），天；

2.学校教育现代化（主讲：金华教育学院褚伟明），半天；

3.学校信息化教育交流研讨，半天；

4.信息化教育先进学校参观，半天。

（三）培训学时

20学时。

项目负责人：褚伟明

二十五、中学校长提高培训"教育科学研究方法"主题培训计划

（一）培训目的要求

通过培训，使学员了解当代国外教育科学研究方法的发展趋势，掌握教育实验法，教育人种学研究法等方法，提高学员教育、教学能力，为开展教育实验研究和教育人种学研究，探索教育规律、提高教育质量奠定理论基础。

（二）培训内容安排

1.国内外教育科学研究方法发展趋势（主讲：浙江大学边玉芳教授），半天；

2.中小学教育实验的组织与实施（主讲：浙江大学边玉芳教授），

半天；

3. 教育人种学研究法（主讲：吴飞忠老师），半天；

4. 活动研讨：分组展示并交流各校在教育科研中的典型做法与思考（主讲：吴飞忠老师），半天。

（三）培训学时

16 学时。

（四）本课程教学坚持理论联系实际的原则，紧密结合中小学实践，并力求通过听课和讨论使学员真正有新的收获。

项目负责人：吴飞忠

二十六、校长提高培训"电脑犯罪与预防"主题培训计划

（一）培训目的要求

随着现代化信息时代的来临，现代社会出现了形形色色的犯罪类型，其中借助现代化手段的网络犯罪（电脑犯罪）越来越多，而实施电脑犯罪的人员也呈现出多元性的特点，作为中学校长了解电脑犯罪知识，一方面，可以在日常生活中，抵御各种各样的犯罪分子利用电脑攻击，另一方面，也可以使自己学校的学生或自己的孩子远离电脑犯罪。

（二）培训内容安排

1. 有关电脑犯罪的基本法律知识介绍（主讲：浙师大法政经济学院教授），半天；

2. 电脑犯罪给社会带来的重大危害及社会采取的一些措施实施情况介绍（主讲：浙师大法政经济学院教授），半天；

3. 结合案例分析电脑犯罪的类型和中学生可能实施的一些电脑犯罪行为，预防的方法和措施（主讲：茅珠芳老师），半天。

（三）培训学时

12 学时。

项目负责人：茅珠芳

二十七、中学校长提高培训新课程国家级实验区教育考察培训计划

（一）培训目的要求

通过对浙江省义务教育国家级课改实践区的教育考察，学习新一轮课程改革中在课程设置、课堂教学、学生学习方式转变、评价改革等方面的先进经验，提高校长深化课程改革的能力和水平。

（二）培训内容安排

1. 考察宁波市北仑区 2 所实施新课程示范性学校，2 天；

2. 考察杭州市余杭区 2 所实施新课程示范性学校，2 天；

3. 撰写教育考察报告，1 天。

（三）培训学时

40 学时。

项目负责人：张慧忠

二十八、中学校长提高培训"青少年违法犯罪的预防和治理研究"主题培训计划

（一）培训目的要求

青少年违法犯罪的预防和治理是教育领域的一项重要工作。通过培训，使参训校长了解和掌握国家加强未成年人思想道德建设的相关政策，提高对未成年人思想道德教育的认识。了解和掌握青少年违法犯罪的特点、成因以及预防和治理的策略，能够结合学校的实际，提出并实施加强学生思想道德教育、预防青少年学生违法犯罪的方案和措施。

（二）培训内容安排

1. 未成年人思想道德建设学习辅导（主讲：金华市委宣传部领导），半天；

2. 青少年违法犯罪的特点、成因分析及预防对策（主讲：茅珠芳），半天；

3. 观看有关影视材料，半天；

4. 国内外青少年违法犯罪的研究的比较（主讲：浙师大教授），

半天；

5.金华市青少年违法犯罪案例分析及预防对策（主讲：金华市教育局纪委徐灵甫书记），半天；

6.研讨交流：如何加强对中学生的法制教育，预防青少年违法犯罪，一天。

（三）培训学时

28 学时。

项目负责人：茅珠芳

二十九、中学校长提高培训"研究性学习与个性化教育"主题培训计划

（一）培训目的要求

研究性学习和个性化教育是新一轮基础教育课程改革的需要，也是校长需要研究和实践的课题。通过培训，使参训的校长对研究性学习与个性化教育有一个比较全面和深入的认识，了解和掌握学校开展学生的研究性学习与个性化教育指导的路径和方法，并能够付诸实践。

（二）培训内容安排

1.研究性学习与个性化教育的内涵辨析与发展趋势展望（主讲：外聘教师），半天；

2.研究性学习与个性化教育关系探索（主讲：外聘教师），半天；

3.学校教师对研究性学习与个性化教育应该如何开展指导（主讲：吴飞忠），半天；

4.研讨，半天；

5.到研究性学习与个性化教育活动开展得比较好的学校参观学习，一天。

（三）培训学时

24 学时。

项目负责人：吴飞忠

三十、中学校长提高培训"学校财务管理"主题培训计划

（一）培训目的要求

通过培训，进一步提高校长对学校财务管理工作重要性的认识，了解并掌握学校财务管理政策和财经纪律，加强学校校长的廉政建设；了解并掌握学校招投标、基建后勤管理的措施和方法，实现开源节流，使用好国家的每一分钱，提高资金使用效率。

（二）培训内容安排

1.学校廉政建设与财务管理（主讲：金华市教育局纪委书记徐灵甫），半天；

2.学校财务管理政策、措施与方法（主讲：金华市教育局计财处副处长姜鲜芬），半天；

3.招投标与学校财务采购组织管理（主讲：金华市教育技术与信息中心书记严依龙），半天；

4.基建后勤管理（主讲：金华市教育局计财处处长陈跃进），半天；

5.财务管理优秀学校参观及经验介绍（主讲：浙江交通技师学院院长金伟强），半天。

（三）培训学时

20学时。

项目负责人：金喜庆

三十一、中学校长提高培训"中小学校园安全"主题培训计划

（一）培训目的要求

通过培训，进一步提升基础教育管理干部的安全意识和法制意识，牢固树立"安全第一"和依法治校的思想，提高中小学管理干部的安全管理能力，规范中小学校园安全管理行为，保障中小学生的健康与人身安全、校园财产安全，为中小学生的健康成长营造一个平安、卫生、文明的和谐校园环境。

（二）培训内容安排

1.金华市中小学学校安全管理（主讲：金华市教育局纪委书记徐灵甫），半天；

2.学校安全与公共危机管理（主讲：浙教院教管分院院长、教授邱卫东），半天；

3.中小学安全防范措施及案例分析（主讲：浙教院教管分院院长、教授邱卫东），半天；

4.艾滋病预防（主讲：金华市防疫站专家吴位新），半天；

5.学校卫生安全（主讲：金华市防疫站专家陈培发），半天；

6.学校安全教育典型经验介绍、交流，半天。

（三）培训学时

24学时。

项目负责人：阮为文

金华市区的小学校长提高培训也由学院承担，学院选取了以上主题中的部分，结合市区小学校长的实际组织开展培训。

从2011年7月1日开始，浙江省的中小学校长提高培训的方式发生了很大的变化：原来的校长培训有明确的分工，比如金华市除省重点中学正校长以外的所有中学校长都到金华教育学院培训，各县（市）的小学校长提高培训由各县（市）教师进修学校负责培训。而从2011年开始，金华市所有中小学校长可以到浙江省的任何一个具有省级培训资质的培训机构参加培训。即所有的中小学校长与所有的中小学教师一样，每年两次到省教师培训管理平台选课，根据自己的培训需求和发展方向，可以选金华教育学院的校长培训项目，也可以选浙江省教师培训中心、杭州师范大学、宁波大学、宁波教育学院、温州教师教育院、温州大学、嘉兴教育学院、绍兴文理学院、绍兴教育研修院、舟山教育学院等具有省级培训资质的培训机构的校长培训项目，当然，浙江省内金华市以外的中小学校长也可以参加金华教育学院组织的校长培训项目。然后，学员（校长）按照所选培训项目所开班的时间准时参加培训。这样，校长的选择权就大大增强了，从而能更有针对性地满足校长多样化的培训需求。作为金华市级培训机构的金华教育学院，也积极改革，推出了"走进浙中名校系列培训"等项目，将中小学教育教学改革中的成果和典型经验经过筛选和改造，作为培训的课程资源，纳入中小学校长培训中。

2011 年至 2015 年，在浙江省教育厅教师培训管理平台上发布过的中小学校长培训课程（项目）有：

序号	项目名称	负责人	有效报名	班期	学时数	培训年份
1	中学校长领导力提升的理论与实践	阮为文	126	中学校长培训班	24	2011 下
2	学校特色与品牌建设	徐建华	139	初中校长培训班	24	2011 下
3	家校合作的理论与实践	褚伟明	119	初中校长培训班	24	2011 下
4	学校突发公共事件管理理论和应对策略	陈永龙	285	中学校长培训班	24	2012 上
5	国学与和谐校园建设专题	茅珠芳	218	中小学校长培训班	24	2012 上
6	小学校长领导力提升的理论与实践	阮为文	125	小学校长提高培训	24	2012 上
7	校园危机干预	吴秀文	100	中小学校园危机干预培训班	24	2012 上
8	国学与和谐校园建设专题	茅珠芳	52	国学与和谐校园建设专题	24	2012 下
9	学校突发公共事件应急管理基本理论和应对策略	陈永龙	86	金华市小学校长班	24	2012 下
10	校园危机干预	吴秀文	42	校园危机干预	24	2012 下
11	精细化管理经验分享与策略探究	阮为文 徐建华	132	校长管理提升班	90	2012 下
12	提升学校凝聚力，创建幸福校园	茅珠芳	192	金华市中小学校长培训	24	2013 上
13	教师人际关系调适和角色整合	黄星艳	27	教师人际关系调适和角色整合	24	2013 上
14	校长课改核心领导力培训	陈永龙	158	金华市中学校长培训班	24	2013 上
15	健身气功与养生保健	陈永龙	104	金华市中小学校长培训班	24	2013 下
16	走进教育现场：金华四中"知心课堂"教学模式改革及学校管理专题培训	阮为文	47	初中校长培训班	24	2013 下
17	上海、嘉兴名校的管理之道（中学校长班）	阮为文 陈永龙	85	中学校长培训一班	32	2014 上
18	上海、嘉兴名校的管理之道（中学校长班）	阮为文 陈永龙	77	中学校长培训二班	32	2014 上
19	扬优秀传统文化，做崇德向善校长	茅珠芳	112	中小学校长优秀传统文化培训	24	2014 上
20	走进浙中名校金师附小：让智力因素与非智力因素协调发展	阮为文	58	浙江省小学教学副校长及教科室主任走进教育现场培训班	24	2014 下
21	走进教育现场 金华四中"知心课堂"教学改革及学校管理培训班	阮为文	91	浙江省初中校长学校管理及课堂教学改革培训班	24	2014 下

教师教育的实践与思考——金华教育学院师干训「十年回眸」

序号	项目名称	负责人	有效报名	班期	学时数	培训年份
22	走进浙中名校·武义壶山小学个性化课程建设与评价变革	吴惠强 虞柏根	92	小学校长课程建设培训班	24	2014 下
23	寻访衢州小学教育的美好春天	张慧忠 徐建华	45	金华市小学校长培训班	32	2015 上
24	走进浙中名校金师附小：以项目学习为抓手，推进课堂教学改革	阮为文 胡明洋	51	走进浙中名校金师附小培训班	24	2015 上
25	走进浙中名校·课堂教学文化建设	吴克强 田凌艳	54	走进浙中名校·课堂教学文化建设	32	2015 上
26	走进浙中名校·兰溪锦绣国际幼儿园之幼儿园精细化管理探析	褚伟明 林小平	95	走进浙中名校·兰溪锦绣国际幼儿园之幼儿园精细化管理探析	32	2015 上
27	走进浙中名校·金华海朵幼儿园之混龄模式下的幼儿自主性培养	褚伟明 姚荣辉	91	走进浙中名校·金华海朵幼儿园之混龄模式下的幼儿自主性培养	32	2015 上
28	走进浙中名校·武义壶山小学个性化课程建设与评价变革	吴惠强 虞柏根	91	走进浙中名校·武义壶山小学个性化课程建设与评价变革	32	2015 上
29	走进浙中名校·金东实验小学"爱的教育"专题培训	陈志沛 黎保锋	76	走进浙中名校·金东实验小学"爱的教育"专题培训	24	2015 上
30	走进浙中名校·金华宾虹小学"非书面家庭作业"改革专题	吴惠强 李武南 卢晓美	74	走进浙中名校·金华宾虹小学"非书面家庭作业"改革专题	24	2015 上
31	走进浙中名校·金华市东苑小学双轨制评价体系探析	胡国英 夏美丝	90	走进浙中名校·金华市东苑小学双轨制评价体系探析	24	2015 上
32	走进青田，感受学校管理的艺术魅力	张慧忠 徐建华	156	金华市中学校长培训班	32	2015 上
33	金华市数字校园建设研讨培训班（一）	章伟静	74	金华市数字校园建设研讨培训班（一）	24	2015 上
34	陶行知教育思想研究	吴惠强 金喜庆	72	陶行知教育思想研究培训班	24	2015 上
35	用传统文化润身，回归教育的本质	茅珠芳	44	用传统文化润身，回归教育的本质	24	2015 下
36	走进浙中名校·金华市东苑小学双轨制评价体系探析	夏美丝 胡国英	39	走进浙中名校·金华市东苑小学双轨制评价体系探析	24	2015 下
37	走进浙中名校·东阳外国语小学走进孩子心灵的全息教育专题	卢雁红 严燕飞 卢晓美	15	走进浙中名校·东阳外国语小学走进孩子心灵的全息教育专题	36	2015 下
38	走进浙中名校·东阳横店中心小学云教育专题	吴克强 张慧忠 卢晓美	54	走进浙中名校·东阳横店中心小学云教育专题	36	2015 下
39	走进浙中名校·义乌廿三里初中"345自助课堂"教学改革专题培训	吴惠强 陈建新 茅珠芳	80	走进浙中名校·义乌廿三里初中"345自助课堂"教学改革专题培训	32	2015 下
40	走进浙中名校·武义壶山小学拓展性课程质量监控体系建设	吴惠强 虞柏根	56	走进浙中名校·武义壶山小学拓展性课程质量监控体系建设	32	2015 下

序号	项目名称	负责人	有效报名	班期	学时数	培训年份
41	走进浙中名校系列·幼儿园精细化管理经验分享	褚伟明 林小平 胡国英	91	走进浙中名校系列·幼儿园精细化管理经验分享	32	2015 下
42	走进浙中名校·金华四中"知心课堂"教学模式改革及学校管理	阮为文	64	浙江省初中校长学校管理及课堂教学改革培训班	24	2015 下

三、培训模式

如前所述，从 2006 年到 2015 年的十年，金华市中小学校长的提高培训也可以分为两个阶段。第一个阶段，2006 年至 2010 年，即"十一五"期间的校长提高培训，其培训模式按照"主题组班、滚动培训"的模式进行。第二个阶段，2011 年至 2015 年，即"十二五"期间，其校长培训模式是在省平台上按照"培训机构开放竞争，参训校长自主选择"的方式进行。在此，重点分析一下"主题组班、滚动培训"的运行模式以及相关的要求。

（一）"主题组班、滚动培训"模式的主要环节及运行程序

"主题组班、滚动培训"模式是借鉴德国教师培训中的"主题核心模式"，结合校长提高培训的实际而提出的一种模式。这是一种以人（校长）为本，以校长的需求为出发点，具有较强的针对性的一种培训模式。

"主题组班、滚动培训"是"主题形式、教师组班、菜单操作、校长自选、分年培训、累计学分"的简称。即每年由培训院校根据基础教育形势发展及应训校长的实际需要，确定若干个主题（每年在 10 个左右），由教师（项目负责人）组班，每个主题围绕一个中心，或专家讲学，或参观考察，或组织研讨，校长在给出的若干主题中，根据自己的需要和兴趣，自选 2—3 个主题（合计学时在 48 个以上，不超过 60 学时）参加培训，每修完一个主题，给予登记相应的学时，累计修满 240 学时以上者，到 2010 年年底颁发浙江省"十一五"中学校长提高培训结业证书。

"主题组班、滚动培训"模式有九个主要环节，其运行程序是：确定培训对象→调查分析需求→确定培训主题→制定主题计划→公布主题安排→组织校长报名→实施主题培训→培训总结反馈→培训学分登记。

1. 确定培训对象

参加提高培训的对象可分为两类。一类为"八五"或"九五"期间已参加过任职资格培训并取得合格证书的校长，是必须参加培训的对象（"十五"期间参加教育管理本科函授或教管专业研究生主干课程班学习的可等同校长培训）；另一类为"十五"期间参加任职资格培训并取得合格证书的校长，从取得任职资格培训合格证书的下一年起，可自愿参加提高培训，这是自愿参加培训的对象。

2. 调查分析需求

主要通过问卷、座谈、走访、培训期间的交流等形式，调查并分析校长当前想学些什么，应该掌握些什么，最需要什么，想通过培训解决哪些问题，哪些方面是制约提高校长实施素质教育的能力和水平的关键性因素等。

3. 确定培训主题

确定培训主题是"主题组班、滚动培训"模式中的重要环节，培训主题的确定应体现时代性、基础性、针对性、新颖性、前瞻性和实用性。为了体现培训的多样化，满足不同校长的不同需求，每年应开出 10 个左右的主题供校长选择。培训主题的确定依据从以下四个方面加以考虑：教育部及省干训中心的"十五"中学校长提高培训指导性教学计划；当前基础教育改革与发展中的重点、难点、热点问题；校长的需求；当地基础教育的实际情况。培训主题确定后，按每周开一个主题的要求，锁定各主题的培训时间范围。

4. 制订主题计划

主题确定后，由各组班教师（项目负责人）负责收集与主题相关的各种信息资源，包括前沿动态、科研成果、拟聘请的专家教授等，并制订主题培训计划，内容包括：培训的目的要求、具体安排（以半天为单位的内容安排、主讲教师、研讨安排、主持者等）、培训时应提供的材料、对学员的要求、培训学时等。

5. 公布主题安排

组班教师制订好主题培训计划后交干训处审核，然后将这一年要开设的所有主题的培训计划公布在学院网站上，供校长们查阅。

6. 组织校长报名

通过三种途径进行报名：一是按上一年参加提高培训的名单发报名通知进行报名；二是通过学院网站上发布报名通知及报名表，校长通过 Email 进行报名；三是对上一年应训而未参加提高培训的校长通过各县（市）教育局人事科核实，督促其报名并参加学习。

7. 实施主题培训

即按主题计划做好培训的实施工作。在培训实施过程中要做好外聘教师的接待和服务工作，参训校长的管理和服务工作，培训过程中的研讨工作以及参观考察的组织工作。

8. 培训总结反馈

做好三方面的培训反馈工作：一是校长对该主题培训的满意度及培训建议的反馈；二是当年各主题培训结束后，学院将校长参训情况（主要是出勤）向所在县（市）教育局反馈；三是培训情况（主要是本人所修各主题的学分）向本人反馈。

9. 培训学分登记

一个年度的"主题"培训结束后，学院教师将该年度参加培训的校长所修所得的学分登记到校长培训手册上。

（二）"主题组班、滚动培训"模式中主题的结构分析

根据学院培训实践，主题可以分为两种类型，即理论型和研究型。对于理论型主题培训，其主要目的是开阔校长视野，拓宽校长思路。其主题结构由单维的专家讲学（围绕主题开设几个理论性的专题）组成。另一类是研究型主题，这类主题的选题范围一般是基础教育中的一些重点、热点、难点问题，这些问题也是进一步深化素质教育，积极推进新一轮基础教育课程改革中必须解决的具有重大实践意义的问题。这类主题培训的目的是通过培训、研讨，让校长们对这些问题有比较正确、清晰和透彻的认识，提高其分析问题、解决问题的能力，提高实施素质教育的能力和水平。对于这一类型的培训，要解决两个问题，即观念（认识）问题和行动（操作）问题。从这个角度看，一个完整的研究型主题的结构应由三个部分组成：

第一部分为理论学习。"没有革命的理论，便没有革命的行动"，"校长对学校的领导首先是教育思想的领导"。可见，确立正确的先进的教育理念是实施新课程、深化素质教育的前提。而且校长们也希望培训组织者多请高层次的专家、教授给他们讲学。对此，学院主要通过聘请较高层次的专家、教授给校长们做前沿性、专题性的学术报告，帮助校长们确立先进的教育教学理念，以解决观念问题。

第二部分是实践借鉴。学院主要通过以下两个途径：一是请与主题相关的在本市范围内做出突出成效的名优校长做经验介绍、成果展示；二是组织校长到有先进经验、教改成果的学校去参观学习、切磋交流，从而为校长们就这一问题如何实施提供借鉴，提供可操作的范例。

第三部分是分层分组研讨。通过听专题报告以及参观学习，联系自己学校的实际，讨论回去以后自己应该怎么做，解决行动问题，同时要求边实践边反思，在学习中提高，在反思中成长。

（三）"主题组班、滚动培训"模式中应遵循的原则

1. 按需施训原则

"按需施训"是校长培训的基本原则之一。只有按需施训，才能使培训具有针对性；只有按需施训，才能使培训贴近基础教育改革与发展。校长培训工作既要针对校长个体，又要面对校长队伍整体；既要针对学校教育，又要面对整个国民基础教育；既要针对现在的实际，又要考虑未来的发展和长远的要求。因此，校长培训要以时代的要求、基础教育的要求、学校工作的要求以及校长自身需求为培训的出发点，来定位培训的目标，确定培训的内容，选择培训的方法。

2. 动态调整原则

教育形势的不断变化和校长要求的不断提高，要求主题培训的内容、方法也必须不断地更新。在主题的确定以及主题内容的安排上，学院坚持动态调整的原则，对上一年开设的主题校长们反映好的，且较多校长没有参训过的，今年继续开设；对一些反映一般的主题或大部分校长已参训过的主题，及时予以更换，做到每年至少有40%的主题是全新的，以满足校长的要求。

3. 提升校长实施素质教育能力与水平原则

校长提高培训以提高校长实施素质教育的能力和水平为重点，既是教育部对校长培训的要求，也是当前教育形势发展对校长培训提出的要求。因为，"十五"期间基础教育改革的重点是进一步深化素质教育，积极推进新一轮基础教育课程改革。校长是学校的第一责任人，他们在贯彻国家教育方针，全面推进素质教育，率领教职工正确引导和帮助青少年学生健康成长，使学生能够在德、智、体、美等方面全面发展，使学校教育为学生的终身发展奠定坚实基础，在离开学校后个体继续发展创造条件的过程中具有举足轻重的作用。因此"十一五"校长培训工作必须极力突出这一要求。在培训内容及培训形式方面充分考虑这一培训重点的落实。

4. 校长为本原则

凡是对人的教育培训都要立足于以人为本，而且校长是教育队伍的精英，具有更强的自主性。因此，"十一五"校长培训工作应该把以校长为主体放在突出位置，坚持"校长为本"原则。在培训过程中，要做到两点：一是要增强校长主体意识，树立校长既是受训对象，又是培训工作者的观点。二是要强调主体参与。校长作为受训对象，要积极参与培训工作的全过程，不仅可以参与研讨、考察、实践，还可以直接参与讲课，"让校长培训校长"。

5. 研训结合原则

提高培训重在"提高"，提高分析问题、解决问题的能力，提高驾驭全局的能力、处理复杂问题的能力、团结协作的能力、按科学规律办事的能力，而研讨是实现上述要求的重要方式和途径。研讨过程就是提出问题、分析问题、解决问题的过程。中学校长提高培训的"科研型、研究性"性质决定了提高培训必须以研讨为手段。只有通过研讨，才能对一些问题有更深刻的认识，只有通过研讨，才能不断提高参训校长的实际工作能力和科研水平。因此，培训必须与研讨相结合。研讨的方式主要有：分组研讨、围绕某个问题研讨、校长论坛、沙龙式研讨等。

6. 高效实用原则

理论与实践相结合，学以致用是培训的基本原则。所以，校长提高培训必须努力做到富有成效，力争高效。校长通过培训，既要有显性的成效，如现代教育技术在教学及学校管理中的运用，要懂技术、会操作。通过培训，最后形成学习总结、调查报告或结业论文等。同时又要有隐性的成效，即校长素质、能力和水平的提高，并把对培训成果的考察延伸到实践，让实践去验证理论，去丰富理论，去检验参训校长能力和水平的提高。此外，培训要紧密联系基础教育以及学校实际，做到实用，对校长的管理和领导工作有较高的价值。

（四）"主题组班、滚动培训"模式中组班教师的职责

在"主题组班、滚动培训"模式中，选择好组班教师（项目负责人）十分重要。组班教师（项目负责人）的角色也发生了较大的变化，由原来的学科专家向以培训专家为主、以学科专家为辅的"双料"专家转变。根据学院的实践，组班教师要做好以下几项工作：开展需求调研、制订主题计划、开发培训资源、聘请主讲教师、组织参观学习、组织培训研讨、做好培训考勤和管理等。

同时，组班教师必须始终以敏锐的眼光关注基础教育的改革与发展，关注校长、教师一线的工作情况，深入中学去熟悉中学的教育、教学、管理工作，重心下移以发挥金华教育学院的优势；必须不断提高自身的素质，提高自身的教育教学能力和水平，使之适应高要求的培训工作；必须不断进行总结、反思，重视对校长培训工作的研究，探索培训的内在规律，提高培训质量，并逐步形成自己的培训特色。

（五）"主题组班、滚动培训"模式中培训资源的开发与利用

在中学校长提高培训中，培训资源的开发与利用是影响培训质量的重要的因素。认真、积极、主动、创造性地做好培训资源的开发与利用是实施提高培训质量过程中一项十分重要的工作。

培训资源的开发与利用有以下几个方面：

1. 理论学习中主讲教师资源的开发与利用

"十一五"提高培训中理论学习部分的主讲教师基本上是外聘的。外聘教师的讲课内容、理论深度、表达能力和技巧直接关系到培训的效果。学院

干训处以及各组班教师每年都比较重视淘师，力求聘请针对性强的、有专业深度的、层次较高的专家教授或教育行政部门的主要领导来讲学，并建立讲学效果的学员测评制度，建立干训兼职教师师资库。

2. 名校长资源的开发与利用

2002 年、2004 年、2008 年，金华市人民政府公布并表彰了三批金华市名师名校长的名单，其中名校长的名额是每批 10 位（其中中学校长 5 位）。这些校长都是学者型、研究型、专家型的校长，而且他们所在学校在金华市范围内都很有特色，可供学院培训之用。学院一方面聘请这些名校长作为中学校长培训的兼职教师，将他们最拿手的、研究最深入的、对中学教育及管理最具价值的内容（管理经验、对教育及热点、难点问题的深刻独到见解）组合进培训主题之中，培训时请他们主讲；另一方面，带校长到这些学校，请名校长进行现场教学，同时进行实地考察，切磋交流。

3. 本市范围内与培训主题相关的典型经验及科研成果的开发与利用

"十一五"中学校长的提高培训是科研型、研究型的。在培训过程中，学院重视发掘全市范围内与开设主题相关的典型经验和课题研究成果，并使之成为学院主题培训的来自第一线的生动素材，从而把理论与实践紧密结合起来。同时，通过主题培训研究，进一步加深对已有研究成果的认识，有助于课题研究的进一步深化以及科研成果的推广。

目前，金华市已有一批具有办学特色或有国家级、省级重点课题研究成果的学校，作为学院主题培训的基地学校。如"新课程与教学改革"主题培训的基地学校是国家级第二批课改实验区义乌市的城南中学和稠城镇中。"现代德育的理论与实践"主题培训的基地学校为：义乌群星私立学校、东阳市实验中学、磐安二中。《中国教育报》对这三所学校在德育方面的成功做法都做过报道。"校园网络建设"主题培训的基地学校为：金华二中。"学校心理卫生与健康教育"主题培训的基地学校为：武义县实验中学、金华四中、金华二中。"创新教育的理论与实践"主题培训的基地学校为：永康一中、义乌城南中学。"学生伤害事件及学校责任"主题培训的基地学校为：金华一中等。

4.参训校长资源的开发与利用

在校长培训过程中,校长本身也是一种十分重要的培训资源。因为,在参训校长中,有的校长将学校办得很成功、很有特色;有的校长对某些教育问题有独到的见解;有的校长有很强的协调能力和处理问题的能力。让这些校长现身说法,不失为一种好的方法。

5.相关科研部门资源的开发与利用

与学校教育相关的科研部门和组织如教研室、教科所、教育中心、各种教育学会和研究会等。这些单位或组织有各自的优势,通过加强与这些单位或组织的联系,将他们的优势变成学院培训优势,为培训所用。

四、培训特色

近十年来,学院根据时代的要求、基础教育的要求、学校工作的要求以及校长自身的要求,每年举办 10 个左右的主题培训班,培训过程中始终坚持以学员为本,充分发挥校长自身的主动性和积极性,扎扎实实做好每一个主题培训班的培训工作,其在职校长提高培训体现了以下几个特点。

(一)重视培训需求调研

在职校长提高培训与校长任职资格培训有较大不同,在职校长提高培训是在校长任职资格培训的基础上,从校长的实际出发,以学习新知识、**掌握新技术、研究新方法**,提高管理能力和水平为目标的培训。因此,校长的需求是学院组织培训的起点。学院通常通过以下途径来做好校长培训需求的调研工作:

1.问卷形式

2006 年,即"十一五"培训的起始年,学院组织了较大规模的校长培训需求调查。对应参加"十一五"校长提高培训的金华市中学校长(包括目前仍在职在岗的"十五"期间已参加校长提高培训的中学校长和"十五"期间参加过任职资格培训的校长)通过寄信的方式进行书面问卷调查。

2.反馈表形式

加强培训期间与参训校长的交流,并要求学员在每一个培训主题结束后填写反馈表，以了解校长的培训需求及对培训的意见。

根据政府要求和基础教育形势发展的要求，确定校长的一些培训课程。因为，校长是学校的掌舵人，把握着学校发展的方向，必须坚持正确的政治方向。同时，教育行政部门在很多时候也会向各培训机构和中小学校长提出要求，在某一个时间段必须完成某一些专项的培训。由于对参训校长的需求了解工作做得比较到位，培训主题内容的设置有了较强的针对性，学院主题培训也因此受到了校长们的欢迎。

（二）开发多样化培训主题

在主题开发上，学院根据中学校长的培训需求、基础教育改革和学校发展的需要，参照《中小学校长提高培训指导性计划》开设了众多的培训主题，这些培训主题其实也是培训的课程，基本上涵盖了《中小学校长提高培训指导性计划》中提到的各个板块。同时，学院对培训主题不断进行更新，只要校长有需求，只要基础教育改革形势需要，就会围绕这些需求及需要研发相关的主题，开发培训课程。近十年来，学院开发的中小学校长提高培训主题有60余个，满足了校长多样化的培训需求。

（三）注重培训资源开发

培训资源开发是培训中十分重要的环节。前面已提及了"十一五"期间"主题组班、滚动培训"中培训资源的开发与利用问题。在"十二五"的培训中，学院更加注重培训课程资源的开发，将视角聚焦到一线中小学名校的教育教学改革，将他们的业已证明成功的教改成果通过总结、提炼，形成培训的主题，纳入培训的课程体系中。目前，做得比较成功的有将金师附小教育集团中的"项目学习"开发成"走进浙中名校金师附小：以项目学习为抓手，推进课堂教学改革"主题培训，将东阳横店小学的利用现代教育技术提高课堂教学质量优秀成果开发成"走进浙中名校·东阳横店中心小学云教育专题"主题培训，将金华市开发区东苑小学的学生评价改革的优秀成果开发成"走进浙中名校·金华市东苑小学双轨制评价体系探析"主题培训，将金华四中的"知心课堂"教学模式及学校管理改革的成果开发成"走进浙中名校·金华四中"知心课堂"教学模式改革及学校管理"主题培训，将武义县壶山小学的课程改革优秀成果开发成"走进浙中名校·武义壶山小学个性化课程建设与评价变革"主题培训等。这些主题培训从一线名校的实践中来，经过提炼，用于指导一线的中小学校长，具有实践性强、操作性强、可借鉴性强、实效性强等特点，深受参训校长们的欢迎。

（四）突出校长自主选择

浙江省教育厅从 2011 年 7 月 1 日开始实施《浙江省中小学教师专业发展培训若干规定（试行）》，开启了教师自主选课培训新模式的新篇章。其实，金华市的校长培训早在 2002 年就开始实施校长自主选课的培训模式了。在"十一五"期间，学院编制了年度校长培训主题菜单，然后将培训主题菜单寄给应参加"十一五"提高培训的校长，校长在这些菜单中选 2—3 个参加培训。而在"十二五"期间，由于省教育厅开发了浙江省中小学教师培训管理平台，校长的选课就在网上进行了，同时选课的余地也就更大了。

（五）严格校长提高培训的管理

中小学校长提高培训以短期培训为主，一般时间为 3—5 天，相对比较松散。为了提高培训效果和质量，严格培训管理，省教育厅花了很大的力气，制定了《浙江省中小学教师专业发展培训质量管理工作规程（试行）》（浙教办师〔2014〕14 号），成立了浙江省中小学教师教育质量监控中心。学院严格按照省教育厅的要求，加强培训管理，实行培训点名制度，培训日志制度，专职班主任管理制度，请假制度，培训测评制度，培训项目结报和归档制度等。对于学员请假，按省教育厅规定，要求"一般不得同意学员以工作为由的请假，对遇特殊情况需要请假的，请假 1 天及以下的需经培训机构同意，1 天以上的还需学员所属教育行政部门同意，并扣除相应学时。对 90 学时及以上集中脱产培训缺课时间超过五分之一的学员，不予结业，不计学时。对参训期间发生严重违规违纪行为的学员，应立即终止其培训，不予结业、不计学时。对网络学习任务完成不到 80% 的学员，不予结业，不计学时。培训机构应将不予结业学员的情况，及时通报学员所属教育行政部门和学校"。

五、培训成效

经过十多年的实践证明，"主题组班、滚动培训"模式是可行的，它增强了培训的针对性，使培训能基本满足校长们不同的需求；能充分调动组班教师的积极性、创造性以及参训校长的积极性；培训在理论与实践的结合上有了一定的突破；工学矛盾基本解决，校长们普遍反映收获较大，满意度较高，实现了《中小学校长提高培训指导性教学计划》中提出的"学习新知识、掌握新技术、研究新方法，提高管理能力和水平"的目标，学员对各主题培训的满意率均在98%以上。

第三节　骨干校长培训

骨干校长是一个比较宽泛的概念，一般是指那些具有先进办学理念，具有较高的道德修养、政策水平和管理能力，在教育改革、创新和发展诸方面做出突出成绩，有较成熟的教育思想，是教育界和社会上公认的具有较强办学治校能力的校长。建设一支具有一定数量的骨干校长队伍是各级教育行政部门需要认真研究和实施的一个重要课题。

一、骨干校长的特征
（一）善思考、敢担当、有情怀

骨干校长以读书治学、理论探索为引领，针对学校课程改革、名校特色形成、校园文化品质塑造、学校发展战略规划等问题进行深入思考，对推进基础教育质量整体提升进行深层次剖析，增强办学治校的理性；对学校领导力有充分的认识，对新时期办好人民满意的教育有新担当，从而具备鲜明的教育思想和理念、深刻的影响力和凝聚力、非凡的决策力、强大的学习力、追求卓越的创新力、高超的领导力及良好的沟通能力；在办学实践中积极反思，向中外教育家学习，化解办学过程的各种偏见，不断反省，逐步形成高尚做人、高明办学的教育家情怀。

（二）有视野、有胸襟、有气度

校长的视野决定学校的发展高度。培训可以通过理论探索、实践考察和同行交流，了解国际前沿教育观点，提升名校长的教育教学和管理理念；推动学校可持续发展，要求名校长通过读书、反思、践行等行为来进一步开阔胸襟视野，回归教育本真，促其办学思路更加宽广、办学措施更加灵活；高瞻远瞩，开拓创新，关注未来，作为学校的领导者、管理者，校长的气度体现在办学思想、职业操守、智慧修养、人格魅力等许多方面，但更多体现在其办学治校时凝心聚力、众望所归的魅力上。有些校长存在重管理、轻引领，重硬件、轻内涵，重制度、轻文化的倾向，应当启发他们修身正心，形成理性办学、感性育人、智性领导的胸襟气度，真正做到向教育家看齐，具有教育家型校长的底蕴。

（三）有梦想、敢先行、立典范

骨干校长不仅仅是办学有成就的校长，还应该具有强烈的事业心、教育梦想、先进教育理念和特色办学风格。因此，应鼓励名校长怀揣教育梦想，在教育改革、创新和发展等方面做出突出成绩，形成较成熟的教育思想。同时，身为名校长，应当锐意改革，先行先试，并且不屈不挠，不断创新。这就需要大胆转变教育发展方式，改革不合理的办学模式，由此站立在教育现代化的发展潮头，成为卓越的领航校长。名校长还应当积极参加理论研修、观校评校、互动交流、著书立说、思想研讨等活动，形成比较完整的办学主张和治校策略，并进一步提炼具有独立创见的教育思想，成为既有实践经验又有远见的杰出校长。

二、骨干校长的培训目标

骨干校长培训的参训对象一般由教育行政部门确定，通常是指名校长培养人选或名校长，以及由教育行政部门确定的列入骨干校长培训名单的人选。这些校长要求能够形成自己的办学理念、治校风格和领导艺术，建立学校品牌项目，带领学校有效实施变革，并发挥其辐射与引领的作用。其任校长的年限一般要求在五年以上。

2006 年至 2015 年金华市骨干校长的培训目标是：通过培训提升校长的战略思维能力、教育创新能力、引领学校可持续发展的能力，并在一定区域内形成示范与引领作用。

第一，促进校长凝练自身的办学理念，发展独具风格的治校方式，形成学校鲜明的特色；

第二，立足国际视野，全面规划学校的战略发展目标并有效地付诸实践；

第三，创新学校文化建设，树立品牌项目，在一定区域形成示范与引领作用；

第四，引导全校课程的建设与发展，形成典范课程；

第五，凝聚学校全体教职员工的力量，建设教师专业共同体；

第六，积极拓展与构建学校发展平台，创设更好的学校发展生态圈。

三、骨干校长的培训课程

2006 年至 2015 年的金华市骨干校长的培训主要是依托高校进行的。学院根据金华市教育局的要求，确定培训对象，了解培训需求，拟定培训目标，提出培训课程安排及师资的要求，然后与受托培训的高校进行了多个来回的协商，最后确定培训课程，形成培训方案。因此，每一次培训的课程都是不同的。

2012 年至 2015 年，学院还积极参与承办了浙江省骨干校长培训的项目竞争，争取到了 14 个浙江省骨干校长培训的项目，这提升了学院培训的层次和能力，也扩大了培训的影响力。具体培训项目如下：

浙江省骨干校长培训项目表

序号	班期名称	负责人	培训时间	培训时间	参训人数
1	浙江省小学骨干校长培训班	阮为义	2012 年下半年	20 天	40
2	浙江省小学骨干校长培训班一班	阮为文	2013 年下半年	20 天	30
3	浙江省小学骨干校长培训班二班	阮为文	2013 年下半年	20 天	30
4	幼儿园园长培训班一班	徐高虹	2013 年下半年	20 天	26
5	幼儿园园长培训班二班	徐高虹	2013 年下半年	20 天	21
7	浙江省小学骨干校长培训班	阮为文	2014 年下半年	20 天	40

序号	班期名称	负责人	培训时间	培训时间	参训人数
8	浙江省农村初中校长培训班	吴惠强	2014年下半年	20天	40
9	浙江省农村小学校长培训班	阮为文	2014年下半年	20天	40
10	浙江省农村幼儿园园长培训班	徐高虹	2014年下半年	20天	40
11	浙江省民办初中校长培训班	吴惠强	2014年下半年	20天	40
12	初中骨干校长省级培训班一班	吴惠强	2015年上半年	20天	41
13	初中骨干校长省级培训班二班	吴惠强	2015年下半年	20天	41
14	浙江省小学骨干校长培训班	陈志沛　阮为文	2015年下半年	20天	41

以下是部分骨干校长培训方案：

浙江省金华市骨干校长武汉大学培训方案

一、武汉大学高级培训中心简介

武汉大学高级培训中心是武汉大学专门开展各类高级培训和适应性培训的办学实体。中心凭借百年名校之辉煌，承传"自强、弘毅、求是、拓新"之校风，坚持以人为本，以法为准，以人才市场需求为导向，以促进社会经济发展为目的，规范化管理、市场化运作，整合校内外优秀教育资源，为政府机关、团体、企事业单位、行业系统、学校、公司及社会其他相关行业培训各类中、高级人才。目前中心以承办政府机关、大型企事业单位、水利、电力、测绘、医学等行业系统的高级专业技术人员和经营管理人员培训为主，同时也开展面向社会需求的各类培训。

中心的发展方向是注重理念创新与实用型人才培养的结合，在确保优质培训，突出高层次非学历教育培训的前提下，以社会服务为中心，着力打造国内外知名培训品牌。同时，加大与行业、系统的沟通和合作，不断开拓国内外各类高级培训市场，为社会经济发展做出应有的贡献。

二、培训方向

我们从贵单位提出的实际需求出发，挑选武汉大学教育学院、湖北省各中小学的特级教师和有关专家，针对中小学教师的个人素质、教学方法和工作能力等方面，协助贵单位做好中小学骨干校长的培训工作，提高骨干校长的职业素质和领导管理能力及水平。

三、项目实施流程

为了保证此次培训方案的顺利实施和有序进行，我们提供本次的计划操作流程，每一个步骤都需要双方互相支持和密切配合。

1. 合作方式

武汉大学高级培训中心根据浙江省金华市教育局的要求设计课程，并提供师资、培训场地及设备，浙江省金华市教育局负责组织学员等。

2. 具体安排

班级规模：为达到理想的培训效果，根据具体课程和贵单位工作实际情况安排学员人数。

培训场地：可容纳50—60人的多媒体教室。

教学设备：多媒体教学设备，包括电脑、投影仪、音响等，课前由专门人员调试到位。

3. 培训过程特点说明

培训前：

（1）高培中心在培训前做全面、细致、深度的前期调研及诊断工作。

（2）高培中心在培训调研结束后将积极与浙江省金华市教育局相关负责人进行充分交流，将了解的实际情况同讲师进行深入研讨，以便在培训课程中进行细致分析并提出解决方案。

（3）高培中心在培训工作开始前，还将与浙江省金华市教育局相关领导充分沟通培训课程内容，让客户在培训前能够清楚地了解培训的内容、方式、主要解决的问题以及如何进行培训评估等后续问题。

培训中：

高培中心在培训过程中将根据成人学习的特点，非常注重学习的生动性及互动性，保持与学员的充分沟通，不断地给学员提问及思考分析问题的机会，让他们在培训过程中最大限度地领悟并及时消化，而不是在培训结束后慢慢回忆。

培训后：

高培中心在培训结束后会安排讲师同学员持续保持联络，指导学员后期更好地消化吸收培训内容，还将定期跟踪学员的工作情况，及时解答学员提出的问题，以达到培训效果的持续性。

4. 培训对象：浙江省金华市教育局选派来的学员（骨干校长）。

5. 培训时间：2010 年 4 月 11 日至 17 日。其中 4 月 11 日报到，4 月 17 日返程。

6. 培训课程安排

（1）学校发展规划的制定（案例）

（2）学校安全事故防范与突发事件应对（案例）

（3）实施绩效工资中对教师的评价研究

（4）加强校本研修，促进教师专业发展（案例）

（5）优秀校长办学经验介绍

（6）校长的专业发展

（7）教育管理前沿问题研究

（8）考察学校（中学、小学各一所）

（9）参观黄鹤楼和汉口江滩

（10）武大外校座谈（分组互动研讨）

每个专题时间为半天。

讲课教师的安排既要有教授，也要有省市教研员，一线名校长，各占三分之一。

该教学安排可根据需要进行协商调整。

7. 培训课时与学习形式

按照浙江省金华市教育局要求的培训内容，总课时为 40 学时，每天面授 8 学时，分 5 天集中培训完成。其中 4 天为面授课时，1 天为实践参观考察，由授课教师提供具体的内容模块与教学课件。学习形式为集中脱产学习，全体学员在武汉大学集中食宿，服从班主任的管理。

四、培训教材

组织任课教师指定或编写，汇编成册。参加学习人员人手一套。

五、培训证书

学员在规定的时间内学完教学计划规定的全部课程，达到要求，颁发武汉大学结业证书。

六、费用（略）

浙江省金华市中小学校长高级研修班华东师范大学研修计划

为了配合浙江省金华市实施"科教兴市"和"人才强市"战略，切实开展大规模干部、教师研修，进一步加强中小学校长队伍建设，提高广大校长依法治校、科学管理的能力和水平，全面推进素质教育，全面提高教育质量，华东师范大学继续教育学院与浙江省金华教育学院经过友好协商，双方决定联合在华东师范大学举办浙江省金华市中小学校长高级研修班。

一、指导思想

以进一步提高学校管理干部的管理水平、竞争能力和创新能力为目标，坚持从实际出发，学用结合，讲求实效的原则，创新研修理念，解放思想，与时俱进，开拓创新，为办好人民满意的教育研修一批高素质的学校管理干部队伍。

二、研修对象

金华市第五批名校长培训人选。

三、研修目标

更新教育观念，了解中小学教育改革和教育管理学科发展新趋势，为提高依法治校、科学管理的能力和水平，全面推进素质教育，全面实施新课程，全面提高教育质量打好坚实基础。

研究中小学教育改革及其评价的新理念和新方法，以达到不断提高教育水平和管理能力，在全面推进素质教育，全面实施新课程，全面提高教育质量中起骨干作用。

开展中小学教育教学和教育管理研究与实践，以提高教育创新、管理创新与实践能力。

四、研修方法和要求

研修采取理论学习、实践考察和专题研究相结合，集中学习与分散学习相结合的方法进行，并根据成人教育的特点和学员的实际情况，注意调动学员的积极性，开发学员本身的教育资源，注重强调学员自我教育、自我管理、自我学习、自我研究、自我实践，提高学员教育管理理论水平、教育管理研究能力和教育管理实践能力。

学员必须主动参与、认真学习，在授课教师和导师的要求与指导下按时完成学业。

五、研修时间与地点

研修时间自2011年11月6日到2011年11月11日，共计40课时（11月6日报到，实际研修5天，每天8课时）；研修地点为华东师范大学中山北路校区。

六、研修内容与课时

（一）研修课程（以专题讲座与研讨相结合为主要形式开设）

1. 理论知识和能力类

（1）教育改革与校长使命（半天）

（2）校长的素质与领导力（半天）

（3）学校特色与品牌学校的创建（半天）

（4）沟通与协调的领导艺术（半天）

2. 管理类

（1）特级校长论学校管理（半天）

（2）学校管理问题的诊断与分析（半天）

（3）学校管理中的安全与法律问题研究（半天）

上述课程（讲座）均由乙方聘请授课能力强、学术造诣高的以华东师范大学为主的教授、副教授和上海市教育界名家，根据理论与实践相结合的原则进行授课。

上述课程如遇特殊情况，届时将会做个别调整。

（二）教学实践（1天）

结合上述研修内容，考察上海市一所特色中学和一所特色小学，每所学校安排半天，一是校长做学校特色与管理经验介绍，二是双方交流、互动，三是参观校园文化建设。

七、研修结业

（一）研修内容考核

每门课程（包括教学实践）学习结束，均有考核成绩，考核形式由任课教师定。

（二）研修结业论文

研修结束在华东师范大学举行课题研究，开题后，每个学员须撰写一篇研修结业论文，由学员回单位后在半个月内完成，用 Email 发至金华教育学院指定邮箱，再集中发至我院师训信箱：hsjjsx@yahoo.com.cn，由我院组织审批。

（三）研修结业证书

凡按规定完成研修内容，经考核成绩合格者，颁发华东师范大学结业证书。

联系人：方文林；联系电话：021-62234065（兼传真）；手机：13818718936；Email：hsjjsx@yahoo.com.cn

华东师范大学继续教育学院教师进修中心编制

2011 年 10 月 9 日

中小学名校长培养人选培训班华南师范大学培训方案

一、培训目标

1. 深入了解当代我国新基础教育改革与发展的趋势，树立"以培养创新精神和实践能力为重点"的全面素质教育观，增强推进新基础教育改革的自觉性和主动性。

2. 深刻认识我国教育行政和学校管理的改革与发展状况，优化知识结构，提高管理水平，增强按照新基础教育改革的要求开展学校管理工作的能力。

3. 认真总结本校的办学与管理经验，以便把培训过程中获得的新知识、新经验和形成的新见解创造性地运用于本校的管理实践。

4. 树立开放性的终身学习观，培养主动学习意识和能力，强化科研意识，增强校长作为学校管理者的可持续发展能力。

二、培训对象

金华市、区各批次名校长培训人选。

三、培训时间

2011年4月10日至16日（4月10日报到，4月16日返程）。授课时间共4天（含参观交流一所中学或小学半天）；外出参观考察1天。

上课时间：上午8：30—11：30；下午2：30—5：30；晚上自修

四、培训方式

理论学习与研讨，聘请华南师范大学教育专家、学者就研修内容做专题讲座。

五、培训内容

（1）基础教育改革的热点与发展趋势（1天）

（2）提升校长的领导力（半天）

（3）学校教育质量管理（半天）

（4）中小学德育工作的改革与创新（半天）

（5）学生健全人格的塑造与青少年成长（学生心理健康教育）（半天）

（6）学校资源的优化配置（半天）

（7）考察交流一所重点中学或小学（半天）

六、结业

学员完成教学计划规定的学习任务，由华南师范大学继续教育学院颁发《浙江省金华市名校长培养人选培训班结业证书》。

七、学习地点

华南师范大学石牌校区继续教育学院

八、经费预算（略）

华南师范大学继续教育学院

2011 年 3 月 9 日

金华市中学名校长领导力提升专题研修班浙江大学培训方案

一、项目背景

教育是国家人才培养和社会发展的基础。教育事业的发展关系到千家万户。近年来，我国教育发展水平不断进步，各级各类继续教育健康快速发展，人民群众对教育的满意度逐步提高。结合国家和省中长期教育规划纲要和"十二五"规划精神，金华市各级教育部门深化基础教育课程改革，全面实施素质教育，取得教育教学质量的持续提高。为了进一步提高金华市教研、科研人员的业务素质，更好地发挥教科研对市基础教育改革与发展的先导与引领作用，促进市基础教育事业全面协调可持续发展，特举办金华市教育系统和学校管理者的培训工作。我们坚信，在市委、市政府的坚强领导下，在社会各界的大力支持下，金华市的教育事业必将取得更好更快的发展。

二、培训对象

金华市中学名校长 50 人。

三、培训安排

1. 培训时间：总计 5 天，1 天为 8 课时；

2. 培训形式：经典主题讲座，结合专题考察等；

3. 培训地点：中组部全国干部教育培训浙江大学基地内。

四、课程设置

时间		课程内容	备注
第一天		报到	全体学员
第二天	上午 8：00—8：30	合影、开学典礼	相关领导、全体学员
	上午 8：30—11：30	中外基础教育发展现状、趋势及比较	祝怀新 浙江大学继续教育处副处长、博导 浙江省环境教育协调委员会专家 全国绿色学校领导小组专家组组长

教师教育的实践与思考——金华教育学院师干训「十年回眸」……

时间		课程内容	备注
第二天	下午 14：00—17：00	学校机制改革与管理创新	张绪培 浙江省教育厅正厅级巡视员 前浙江省教育厅副厅长
第三天	上午 8：30—11：30	课堂教学改革与当代教师使命	尚可 杭州高级中学校长、总支书记 教授级中学高级教师 国务院特殊津贴专家 浙江省教育管理学会副会长
	下午 14：00—17：00	案例研究助推教师二次成长	周俊 杭州师范大学教育科学院教授 中国教育学会中青会理事
第四天	上午 8：30—11：30	学校品牌建设	吴华 浙江大学教育学院教授 浙江大学教育学院民办教育研究中心主任理事长 国内著名民办教育专家 学校管理咨询专家
	下午 14：00—17：00	做一个智慧的校长 或学习型教师团队建设	李春玲 浙江教育学院教授　博士 省人民政府督学 浙江外国语学院政策与研究所所长
第五天	上午 7：30—10：00	专题考察	杭州名校（浙大附中、学军中学、 杭州市第十三中学等）
	上午 10：00—11：30	专题考察	浙江大学校园 校史馆、科技馆
第六天	全天	主题文化考察	梅家坞茶文化村 赏遍山茶园，品西湖茶香，悟龙井茶道 西溪国家湿地 晚上观千古宋城，感悟吴越文化
第七天	返程	提前确定车票	全体学员

备选课程			
第一天	半天	中学校长思维创新	金立 浙江大学人文学院教授 中国逻辑学会理事 斯坦福大学访问学者
第二天	半天	中学校园文化建设	项红专 杭州师范大学教授 杭州师范大学继续教育学院副院长 杭州市干训中心副主任
第三天	半天	领导科学与领导力提升	朱法贞 浙江大学人文学院教授 浙江大学哲学系副主任 浙江省伦理学会副会长
第四天	半天	学校媒体公关与危机管理	熊卫平 浙江大学思政系副主任、博士 浙江省公共关系协会副会长 中国高等教育公共关系浙江研究中心副主任

注：每天为8个课时，遇特殊情况个别课程及师资可能会做调整。

五、教学管理

1. 由浙江大学继续教育学院负责教学组织管理与协调工作，配备专职教学班主任，全程跟班，随堂负责班级管理及活动组织，协助学员的后勤安排和服务；

2. 实施课程评估制度，课程学习结束后进行问卷调查，及时了解并反馈、改进，并对学员的考勤、课堂纪律、学习表现等进行跟踪考核；

3. 培训结束后，由浙江大学统一颁发《浙江大学——金华市中学名校长领导力提升专题研修班结业证明》，并统一归入浙江大学校友档案，享受浙江大学校友待遇。

电　话：0571—88208575　88982366

18868718210 凌老师　13676857335 周老师

地　址：浙江大学华家池校区中心大楼西三楼 389 室

E-mail：zju0106@163.com　网址：peixun.zju.edu.cn

金华市中小学校长书记领导力提升专题研修班浙江大学培训方案

一、培训对象：金华市直属单位（学校）校长、书记（负责人）

二、培训地点：浙江大学

三、培训时间：2013 年 11 月 19 日—11 月 24 日

四、教学设计理念

1. 互动教学体验：课堂教学、案例学习、课堂交流等教学方式相结合。

2. 多种渠道师资：以浙江大学教授为主，整合行业领域专家、领导，丰富研修班师资结构。

3. 关注社会热点：结合党和国家政策热点，研究讨论最热门话题，结合地方发展实际安排课程。

五、教学方案

时间		课程专题	拟请教师	简介
11.19	上午	报到		
	下午	开学典礼		
		学校机制改革与管理创新	张绪培	浙江省教育厅正厅级巡视员，原浙江省教育厅副厅长
11.20	上午	观念、思路与决策——制度设计的经济学基础	孙家良	浙江大学继续教育学院教研室教授，多家管理培训中心客座教授，浙江大学最受欢迎的经济学教授之一
	下午	学校发展与品牌建设	郑杰	上海师范大学研究员，原上海市北郊学校校长，中学高级教师
11.21	上午	危机管理与媒体应对	冯婷	浙江省委党校社会学文化学教研部副教授
	下午	高绩效团队建设与执行力打造	王端旭	浙江大学管理学院企业管理系教授、博导，浙江大学人力资源管理研究所副所长，香港科技大学管理学博士，美国康奈尔大学访问学者
11.22	上午	考察：杭州知名高中		
	下午	音乐艺术与人文修养	张铭	浙江艺术学院音乐系副教授，中国高等学校音乐教育学会理事，浙江音乐家协会名誉理事，张铭音乐图书馆创始人
11.23	上午	中小学领导干部的工作智慧与人生目标	翁礼华	浙江大学特聘教授，浙江大学财经文史研究中心主任，财政部中国财税博物馆馆长，浙江省政府经济建设咨询委员会副主任，原浙江省财政厅厅长、地税局局长
	下午	领导干部的心身健康与压力管理	朱婉儿	浙江大学心理健康教育与咨询中心主任，浙江大学医学院教授，临床心理医生，硕士研究生导师，日本名古屋大学博士、博士后
11.24	上午	自由活动		
	下午	返回		

六、教学管理

1. 中心为研修班配备班主任，全面负责班级管理；

2. 配备一名助教，协助班主任做好研修班日常管理，负责做好课程准备、教师接待、资料准备等工作，联络协调学员的食宿、出行考察等方面工作；

3. 协助全体学员选举班委干部，成立班委组织，对学员进行组织管理；

4. 实施课程评估机制，向每位学员发放课程评估问卷，及时了解、听取学员对老师课程内容的评价；

5. 根据培训时间安排，在培训期间策划组织联谊、考察、交流、座谈等班级活动。

七、证书授予

浙江大学继续教育学院干部培训中心统一进行学习管理，学习期满，经考核合格后，颁发浙江大学继续教育学习证明。

联系人：董娴

办公电话：0571-86971469

手机：18606805550

邮箱：dongxian1108@163.com

金华市第六批名校长培养人选杭州师范大学培训方案

一、指导思想

遵循中小学校长成长规律和培训需求，整合优质培训资源，运用"参与式"培训方式，提高校长深化课程改革，营造育人文化、提升学校内涵的现代学校管理能力。

二、培训目标

（一）学习现代教育管理理念，提高校长对学校内涵建设的思考；

（二）掌握学校文化与课程建设及创新的途径与方法；

（三）了解优质学校教师队伍建设的制度与方法。

三、培训对象

金华市第六批中小学名校长培养人选44人。

四、课程安排

时间/地点		培训内容	活动形式	培训者	学习提示
11月21日	上午	学员报到		班主任	阅读培训材料，熟悉环境
	下午	探索与实践思维的课堂——校长教学领导力提升	专题讲座对话交流	林正范/原杭州师范大学校长、教授、博导、教育部国培专家	积极与专家互动交流
11月22日	上午	优化学校文化建设促进内涵发展	专题讲座对话交流	项红专/杭州师范大学经享颐学院常务副院长、教授	积极与专家互动交流；提前就论坛专题开展反思
	下午	学校危机管理应对策略	专题讲座对话交流	叶哲铭/杭州师范大学经享颐学院副院长、副教授、博士	

时间 / 地点		培训内容	活动形式	培训者	学习提示
11 月 23 日	上午	为教育立心 ——营造育人文化经典案例	专题讲座 对话交流	赵群筠 / 杭州市拱墅区教育局副 局长兼教师进修学校校长、特级 教师	积极与专家 互动交流
	下午	促进教师专业发展的 校本研训模式	专题讲座 对话交流	俞国娣 / 杭州市崇文实验学校校 长、特级教师	积极与专家 互动交流
11 月 24 日	上午	以学为中心的课堂教学改革 实践	参观考察 对话交流	汪建红 / 杭州第十三中教育集团 总校长、特级教师	事先上网了解该校， 现场充分交流
	下午	学校多样化课程建设	参观考察 对话交流	冯晨 / 杭州绿城育华小学校长	
11 月 25 日	上午	理想课堂与课堂文化重建	专题讲座 对话交流	方张松 / 浙江省教研室评价部 主任	积极与专家 互动交流
	下午	本阶段培训总结	汇报交流	班主任	各小组提前准 备总结与反思， 组长陈述

五、考核评估

（一）考核：

日常考核：2014 年 11 月 21 日至 11 月 26 日期间每日考勤。

终期考核：培训随笔 1 篇。

（二）评估：学员完成上述两项考核，且缺勤率不超过培训总学时（40 学时）的五分之一，准予结业，并颁发杭州师范大学教师培训结业证书。

六、培训管理

（一）职责分工

由杭师大继教院成立项目工作小组实施统一管理，管理团队职责分工如下：

姓名	职务	专业	学历	负责事务
叶哲铭	副院长	教育学	博士	担任项目总策划，负责设计培训方案， 部署各环节工作，全程管理培训过程
王莉莉	师干训部主任	生物学	本科	双方联络，落实协议书、办班审批及培训各项事务
徐虹	师干训部副主任	工学	本科	担任后勤协调员，负责落实学员的食宿等事务
唐琼一	教研部教师	教育学	博士	担任项目负责人，负责执行培训方案， 落实培训师资和考察学校，管理班级日常事务
封丽娜	师干训部职员			担任项目行政助理
陈盼	师干训部职员			负责培训质量评估
邓海宇	师干训部职员			落实用车、教室等保障工作

（二）培训纪律

要求每一位学员全程参加培训学习。培训期间不迟到，不早退，不旷课。如因事因病不能参加学习，需办理请假手续。病假需有医生证明，事假需有单位证明。请假 1 天内，由班主任批准；请假 2 天内，由杭师大继教院学院领导批准；请假 2 天以上，视同退出培训。

有下列情形之一者，将自然淘汰：

（1）未经同意不参加培训者；

（2）培训期间累计缺勤超五分之一者；

（3）未能完成规定学习任务及培训考核不合格者。

杭州师范大学继续教育学院

杭州市中小学教师培训中心

2014 年 10 月 15 日

金华市中学校长领导力提升研修班厦门大学培训方案

一、培训目标

本培训以提升金华市中学校长的领导力与综合素养为目标，结合厦门大学优势学科和优质师资，致力于为学员打造精品课程，通过专题讲授、案例研讨等环节，把听课、交流、观察、思考结合起来，旨在帮助学员开阔思路，激发灵感，使学员的管理能力和教学研究水平都得到有效提升。

二、培训对象

金华市中学校长、书记。

三、培训人数

70 人

四、培训日期

2015 年 8 月 10 日至 14 日（8 月 10 日上午报到，14 日下午返程）

五、培训内容

模块一：专业能力提升模块（16 学时）

课程收益：本模块课程旨在帮助学员掌握最新教育管理经验与理念，开拓思路，把教师的理论培训与业务技能培训结合起来，不断提高教师领导力和综合素养。

课程内容：1. 校长领导力 2. 信息化教学方法 3. 教师专业发展

模块二：综合素养提升模块（8学时）

课程收益：本模块旨在帮助学员提高自身的综合素质，通过国学、文化等方面的课程，帮助学员丰富和充实自我，同时增加学员对目前国际国内时势热点的关注和了解，从而全面提升职业素养。

模块	课程名称	学时	任课教师
专业素养提升模块	试论学校文化管理	4	任勇
	学校管理创新的理念与策略	4	方元山
	信息时代的教学创新：MOOCs与翻转课堂	4	徐岚
	教师情怀与专业发展	4	肖骁
综合素养模块	团队建设与领导力	4	吴隆增
	建设社会主义核心价值体系	4	彭心安
供选课程	国学智慧中的领导艺术	4	傅小凡
	当前台海局势与两岸关系走向	4	李非

六、师资介绍

傅小凡：哲学博士。厦门大学管理学院MBA中心、厦门大学人文学院哲学系教授，博士生导师。中央电视台《百家讲坛》主讲人。

李 非：经济学博士。厦门大学台湾研究中心副主任，闽江学者特聘教授，博士生导师。应用经济学博士后流动站导师。

徐 岚：哲学博士。厦门大学教育研究院副教授。

任 勇：福建省厦门市教育局副局长（分管职业教育），特级教师，北京师范大学兼职教授。厦门市中职教育改革发展示范学校建设领导小组组长。

肖 骁：福建省杰出人民教师，福建省特级教师，中国特色教育优秀教师。

吴隆增：管理学博士。厦门大学管理学院企业管理系教授，博士生导师。

方元山：集美大学教授，兼任福建省基础教育课程改革实验专家组专家、普通高中新课程实验高校招生考试改革专家组专家；教育部福建师范大学基础教育课程研究中心特聘研究员。厦门市"专业技术拔尖人才"。

七、培训管理

授课方式：专题讲座

学习时间：学习期限 4 天，共 32 学时

联系人：孙老师

联系电话：0592-2186273　13306051848

传真：0592-2184290

E-mail：jssun@xmu.edu.cn

厦门大学继续教育学院培训部

2015 年 6 月 30 日

下面的《浙江省初中骨干校长培训班申报书》是根据省教育厅要求，由学院吴惠强副院长负责的浙江省教育厅重点培训项目方案。

浙江省中小学（幼儿园）教师省级培训项目申报书

项目面向地区：<u>浙江省</u>

项目申报名称：<u>初中骨干校长培训班</u>

项目负责人：<u>吴惠强</u>

培训管理机构负责人：<u>胡吉省</u>

主管学校（单位）（盖章）：<u>金华教育学院</u>

浙江省教育厅制

2014 年 12 月 30 日

一、申报单位简况

培训管理机构名称	金华教育学院	地址	金华市环城北路 639 号	网址	Jyxy579.com
负责人	胡吉省	联系电话	0579–89107201	手机	13819993659

近三年承担各级全员培训、骨干培训与学科性、专题性培训等情况					
培训班名称	起止时间	学科	人数	集中培训时间	培训形式
省小学骨干校长培训班	2013.11.4—11.25	小学校长	30	理论培训 10 天，实践培训 10 天	集中研修、基地学校实践
	2013.11.4—11.25	小学校长	30		
省农村小学校长培训班	2014.8.1—9.30	小学校长	40		
省骨干小学校长培训班	2014.11.24—12.14	小学校长	40		
省农村初中校长培训班	2014.8.4—9.18	初中校长	40		
省民办初中校长培训班	2014.8.1—10.23	初中校长	40		
省幼儿园园长培训班	2013.10.8—10.27	幼儿园园长	30		
	2013.10.8—10.27	幼儿园园长	30		
省幼儿园园长培训班	2014.7.7—9.24	幼儿园园长	40		
浙江省小学培训者培训班	2014.11.10—11.30	小学培训者	40		
省小学科学学科带头人培训班	2014.10.13—11.13	小学科学	40	理论 15 天，实践 15 天	

培训主要优势和特色：

　　金华市中小学师干训中心一直设在我院。从 20 世纪 80 年代以来，我院就一直承担着金华市中学校长任职资格培训、中学校长提高培训、名师名校长培养人选培训、中学中层干部培训以及中学骨干教师培训、市本级中小学教师培训等。近三年承担了省级重点培训班 7 个，面向浙江省的自选课培训班 20 多个。培训中坚持以"科学发展观"为指导，以"做优做强师干训"为努力方向，以师干训的有关政策法规为依据，以抓好骨干培训为重点，坚持研训一体，不断创新培训模式，提高教育培训质量，以提高中小学教师整体素质和专业化水平，特别是以教育及管理的实践能力为宗旨，为金华市中小学教师素质的全面提升做出了较大的贡献。

　　作为市级培训机构，我们的培训工作得到了金华市教育局的高度重视和支持，同时也得到了每年 10000 多培训学员的肯定和点赞。学院领导十分重视，院长亲自抓教师培训工作；我们熟悉教师培训的相关政策和法规；有丰富的培训管理经验；有较强的培训师资力量以及较强的管理和课程研发团队，注重对培训对象需求的调查，团队共同研制培训方案；有良好的培训运行机制；有完善的培训管理制度；有优质的实践培训基地学校。更重要的是根据省教育厅的"培训质量管理意见"，我院 2014 年启动"精品培训项目"及"最受学院欢迎的教师"评选活动，实行培训课堂督学检查制，确保培训质量。

二、培训方案研制

申报项目	初中骨干校长省级培训班	培训人数	40	培训学时数及天数	一次性集中培训学时数：120 培训总天数：20
项目负责人	吴惠强	行政职务	副院长	专业技术职务	教授级中高
办公电话	0579–89107203	手机	13566776776	电子邮箱	jhwhq@qq.com
培训方案（可加页或另附）					

　　本项目是在成功举办 2014 年省农村初中校长培训班、省民办初中校长班的基础上，继续由曾在金华市教育科学研究院、金华市教育局基础教育处任职近 20 年的我院分管教师培训的副书记、副院长主持，依托金华教育学院 160 余位教师和 12 位客座教授、55 位兼职教授为主的包括高校教授、博导、博士、中小学特级教师、省市实验学校研究会知名校长组成的培训教师团队，继续将参与培训的初中校长作为首位的培训资源，把"初中校园文化建设"这一领域作为本次培训的重点，坚持"带着课题来，带着成果回"的原则，选择在省内有一定影响力的金华五中、兰溪聚仁学校、永康中学及参加本次培训部分校长的学校作为研究对象，项目还专门配置了具有较高素质的青年教师担任班主任，另外还将安排在读硕士研究生为本项目的"场记"。

一、培训调研需求与分析

初中校长是最需要培训的。因为高中段招生"普职比大致相当"的政策、职高生升大学通道的尚未拓宽等因素，导致目前的初中的应试教育色彩最为浓烈，初中生的作业负担最为沉重，初中的违规补课现象时有发生。这其中学校有一定的责任，但更多的是无奈，校长的无奈、教师的无奈、学生的无奈、家长的无奈。当然，校长要义不容辞地承担起引领所在初中学校健康持续发展的第一责任。

校园文化建设，是2015年省教育厅关注的重点之一。校园文化具有导向功能、凝聚功能、激励功能、认识整合功能等。关注校园文化、研究校园文化、建设校园文化，是每一位校长的重要责任。因此，本培训班将在全面提升校长管理能力和智慧的同时重点聚焦校长的校园文化引领的意识和能力。

参加本次浙江省初中校长培训班的学员是来自全省各地经过层层选拔脱颖而出的校长。他们大都有一定时期的担任校长的经历和经验，认真好学，善于思考，有较高的教育教学水平，有一定的学校管理能力，有引领学校进一步发展的愿望，有系统学习初中学校管理理论知识和实践智慧的需求，有进一步提升自己的管理水平的需求，有"零距离""全方位"考察有较大影响的城市初中学校的管理以进一步提高自身学校管理品位的强烈需求。因此，通过"培训——研究一体化"的新型培训，进一步提升《义务教育学校校长专业标准》中提出的关于校长职业素质中的六大方面的能力和校长个人的素养，帮助他们更新自己的办学思想，创新学校的特色，打造一支浙江省初中管理工作的领军人物和城市初中校长的接班人。

二、培训方案

根据近年来教师培训中出现的"培训者内驱力不足""培训者在培训活动中的主体地位落实不够""培训课程理论与实践结合不够"等问题，结合2014年农村初中校长班的承办经验和不足，项目负责人提出了"20天，探讨一个课题；20天，收获一份成果"的总思路，把初中校长的培训课堂搬到初中，要求40位受训校长成为研究者、观察者、撰写者、创造者，要求理论课程根据受训者的需要、研究工作的需要而跟进，要求把教育厅安排的20天转变为20个白天和20个夜晚，珍惜财政的每一分钱，经过多次研讨、论证，我们制定了如下培训方案：

1. 培训指导思想

以《义务教育学校校长专业标准》为指导，结合我省基础教育改革与发展的需要，遵循、把握初中校长的专业发展和成长规律，坚持"以德为先、育人为本、引领发展、能力为重、终身学习"的校长发展理念，更新校长的教育理念和管理理念，提高校长"规划学校发展、营造育人文化、领导课程教学、引领教师成长、优化内部管理、调适外部环境"的专业理解与认识、专业知识与方法、专业能力与行为，聚焦"校园文化建设"这一主题，充分利用金华便捷的高铁条件、丰富的地方教育资源和浙江师范大学优厚的师资优势，突出培训的主体性、实践性、反思性，创新培训新模式，实现培训、研究一体化，实现培训质量标志化，真正落实《浙江省教育厅办公室关于进一步加强中小学教师培训质量管理工作的通知》的要求。

2. 目标与任务

培训总目标：20天，探讨一个课题；20天，收获一份成果。

受训者目标：①通过20天的努力，从理论与实践两个层面深化参训校长对"校园文化建设"的认识和能力，修改、充实、完善培训前形成的专题论文初稿，形成《初中校长论校园文化建设》(争取正式出版)，进而更新自己的学校管理及校园文化建设的观念、改进学校管理的水平和层次；②在20天的研究式培训中，进一步掌握围绕主题开展比较研究，完善观点和论文，学会客观肯定和客观批评，更辩证地分析问题；③通过20天的合作学习、分享探讨，培养每一位学员和指导团队的"攻坚克难"的勇气和毅力，也将培养良好的团队作风和凝聚力。

培训机构目标：①探索能激发受训者活力、深入管理现场的中小学校长培训新模式；②体现培训工作对中小学改革与发展的引领和推动。

培训任务：①研习《义务教育学校校长专业标准》和《教育管理学》、初中生及初中教师的特点和趋势，树立校长专业理想和事业追求，提升初中学校管理的能力。②选择初中学校管理中的校园文化建设专题，充分发挥参训校长的主体作用和管理智慧，实现在思维碰撞中前行，在实践反思中提升，完成对参训前各自带来论文的修改和完善。

3. 培训对象

浙江省初中骨干校长，共招学员40人。

4. 培训内容与培训形式

本次培训以剖析知名初中校园文化建设这一任务为导向，以参训学员——初中骨干校长为主体，以专门组建的初中学校管理和科研的理论与实践专家为依托，根据学员所需，提供校园文化建设理论、技术、经验、现场和研究策略、技术等方面的支持，实现"带着课题来，带着成果回"的预期目标。

培训形式主要有以下几类：

主人翁行动。参训校长承担起课程设计、活动主持、培训成效监控的任务，使大家成为培训活动的"主人翁"。

小组项目学习。根据参训校长的兴趣、经验，按照所选择的学习项目组建学习小组，发挥团队力量完成项目学习的任务。

学术沙龙活动。20天的时间里，将组织3次学术沙龙活动，展现参训校长的管理经验和智慧，形成讨论、辩论、争论的学术求真氛围。

　　论文完善活动。要求每一位参训校长来参训时带一篇3600字左右的校园文化建设论文初稿，并在培训过程中进一步完善、修改、提升论文，争取结束时形成一篇"观点鲜明、有理有据、推动实践"的好文章。

　　现场观察分析。将培训活动安排在知名的初中，进入"自由"状态，"零距离""全方位"地融入初中校园文化建设的现场，引发对比和剖析。

　　理论专题学习。这是理论引领的主要形式。通过听专家的讲座及互动，拓宽学员的视野，了解并掌握前沿的理论，学习新的管理技能。

　　附1：第一阶段培训计划表（2015年4月10日—4月30日，20天）

培训模块	课程（专题）名称	培训时间	学时	授课教师	授课形式
团队建设	学员报到、上交专题论文	10日下午		茅珠芳 李晓	
	拓展训练：破冰之旅	11日上午	3	茅珠芳 李晓	拓展基地 体验活动
	拓展训练：团队凝聚	11日下午	3	茅珠芳 李晓	
微调研训重点	培训班的设计和任务	12日上午	3	吴惠强	讲座、互动
	金华五中校园文化建设专题	12日下午	3	张震雷	讲座、互动
	学术沙龙一：我的论文、我的困惑	13日上午	3	刘力 吴惠强	8位学员发表观点，专家评点
		13日下午	3		
理论加油站一	办不一样的学校，培养不一样的人才	14日上午	3	张绪培	讲座、互动
	校园文化建设	14日下午	3	杨一青	讲座、互动
	何为教育家	15日上午	3	金生鈜	讲座、互动
	校长的文化使命和教育境界	15日下午	3	张志敏	讲座、互动
现场研究一	兰溪市聚仁学校校园文化建设现场	16日上午	3	吴惠强 茅珠芳 李晓	现场观察 校长介绍 学员互动
	兰溪市聚仁学校校园文化建设现场	16日下午	3		
	台州桐峤中学学校文化建设现场	17日上午	3		
	台州桐峤中学学校文化建设现场	17日下午	3		
理论加油站二	金师附小校园文化建设专题	18日上午	3	徐锦生	讲座、互动
	基础教育四问	18日下午	3	方展画	讲座、互动
	信息时代的教与学——我们正在面临的变革	19日上午	3	周跃良	讲座、互动
	现代学校管理的基本流派	19日下午	3	张天雪	讲座、互动
	生态校本研究的实践	20日上午	3	傅建明	讲座、互动
学术沙龙二	我的学校、我的文化	20日下午	3	杨天平 吴惠强	8位学员发表观点、专家评点
		21日上午	3		
理论思考	初中生的"存在"和教育对策	21日下午	3	李伟	讲座、互动
	对基础教育改革与发展的思考	22日上午	3	吴惠强	讲座、互动
	小组讨论	22日下午	3	吴惠强 茅珠芳	学员互动
现场研究三	杭州建兰中学校园文化建设现场	23日上午	3	吴惠强 茅珠芳 李晓	现场观察 校长介绍 学员互动
	杭州建兰中学校园文化建设现场	23日下午	3		
	诸暨海亮学校校园文化建设现场	24日上午	3		
	诸暨海亮学校校园文化建设现场	24日下午	3		

培训模块	课程（专题）名称	培训时间	学时	授课教师	授课形式
理论加油站三	初中生的行为规范养成教育	25日上午	3	王炳仁	讲座、互动
	初中生的行为规范养成教育	25日下午	3	王炳仁	讲座、互动
	学校人事管理	26日上午	3	杨卫玲	讲座、互动
	初中生生存现状	26日下午	3	吴惠强	讲座、互动
	初中管理的人文关怀	27日上午	3	胡吉省	讲座、互动
	学校危机处理	27日下午	3	陈志沛	讲座、互动
	学校管理中的法律地位	28日上午	3	茅珠芳	讲座、互动
	对初中学校管理的思考	28日下午	3	何宝钢	讲座、互动
学术沙龙三	我的培训，我的收获 （评出优秀学员，优秀论文一、二、三等奖）	29日上午	3	吴惠强 茅珠芳	10位学员 发表观点、互动
		29日下午	3		
结业典礼	颁发结业证书、优秀学员证书，培训总结	30日上午	3	吴惠强 茅珠芳	互动

说明：培训将为学员提供给三本书，一是《校长领导力修炼》，王铁军著，华东师范大学出版社；二是《高效能人士的七个习惯》，史蒂芬·柯维著，中国青年出版社；三是《教育管理学：理论·研究·实践》韦恩·K.霍伊，塞西尔·G.米斯克尔著，范国睿主译，教育科学出版社。

5.培训团队建设

我们的培训团队建设包括学员团队、理论指导者团队、实践指导师团队和培训者管理团队。

首先，学员是培训的最大资源，尤其是省级的骨干培训的学员在当地都有一定的知名度，有较为丰富的理论与实践经验。因此，在2014年学员团队建设的经验积累上，本次培训引入了一天的团队凝聚特别体验式训练，并通过破冰之旅、小组项目学习、学术沙龙、小组理论研讨和小组代表发言等活动组建团队、提升团队的活力和凝聚力，培养良好的合作氛围，从而促使本次培训工作的顺利开展，保证本次培训任务的圆满完成。

其次，2014年学院建立了"教师培训兼职教师制度"，形成了涵盖教育行政、高校、中小学一线的67位兼职教授，我们还依托浙江师范大学、浙江外国语学院等专家构建具有较强实力的理论引领专家团队。

再次，我们还为本班的学员配备10位指导师，形成师徒关系，实现培训研究指导人员的具体化、导师化，更好地建立培训期间及培训后的"学术团队"形式，更好地推动学员的专业成长。

最后，我们还十分重视培训管理团队的建设，为本项目配备"热心、细心、耐心"并具有较高教育教学能力、管理能力的班主任，安排项目负责人所带的教育管理硕士研究生为本项目的助理班主任和场记。

6.培训时间与培训地点

培训时间：2015年4月10日—4月30日。

培训地点：金华教育学院、实践基地学校。

7.培训考核方式

采取理论考核与实践考核相结合、出勤考核与作业考核相结合的方式进行。具体要求学员完成以下任务：①修改完善一份学校文化建设的专题论文；②主持一次学习活动；③分享一次学校文化建设的成果和心得；④撰写一份培训总结。本次培训将把学员的论文汇编成册，争取正式出版。

考核的具体办法如下：

①考勤分。旷课半天扣3分；缺课半天扣1分；迟到、早退每次扣0.5分。考勤采用扣分制，总分40分，扣完为止；旷课、缺课超过总学时1/3者，取消学员资格。每天上午、下午上课前各点名一次。上课中间采用抽查的方式进行。每周统计考勤（点名）结果并在培训班教室公布。

②作业分。论文修改、主持活动、分享活动和总结四项作业完成分别可获10分；阅读完指定著作两部，记10分；完成培训日志，可获10分。

③附加分。代表小组发言，每次加2分；培训期间为班级活动做出贡献根据具体情况加1　3分。

考核成绩70分以上且出勤率80%以上者为合格，考核合格者，发给结业证书。考核结果70分以下或旷课、缺课超过1/3者，考核不及格，不予结业。根据考核总分，取前10%学员为优秀学员（优秀学员考核成绩必须在90分以上），培训结业时发给优秀学员荣誉证书。学员专业发展培训学时与考核结果挂钩，合格者记120学时（录入省平台），不合格者不计学时。

8.培训收费标准

按照一人300元每天的标准收取培训费，采取参训教师先缴费，培训结束后回当地报销的方式。省财政将根据县（市、区）培训计划在年初预下达转移支付资金，并在年内根据实际参训人数进行结算。

三、培训课程与授课教师介绍

培训授课教师和课程介绍表

授课教师		培训课程	
姓名	基本情况介绍	课程（专题）名称	内容介绍
张绪培	国家督学、浙江省教育厅原巡视员、关工委主任	办不一样的学校，培养不一样的人才	树立全面发展、人人成才、多样化人才、系统培养、终身教育的观念，号召校长必须转变教与学的动力机制创办符合学校、教师和学生发展的特色学校
王炳仁	教授、著名德育专家、原省教科院院长、省实验学校研究会老会长	初中生的行为规范养成教育	对初中生行为规范的养成的特点进行分析，对问题进行思考，对养成的策略进行研究和交流
方展画	浙江大学教授、博士、博导，省教育科学研究院院长	基础教育四问	对40位学员的研究报告进行专业的评点
刘力	浙江大学教授、博士、博导，省师训干训中心常务副主任	现代学校管理的基本流派	国内外现代管理流派介绍及对学校管理教学的影响和启发
杨一青	杭州市学军小学校长、党支部书记、中学高级教师、浙江教育学院教管分院兼职教授	校园文化建设	结合自身校长经验从物质文化建设、精神文化建设和制度文化建设等分析和交流校园文化建设
金生鈜	浙江师范大学特聘教授	何为教育家	健康的好学校的标准，创造健康的好学校的原则与方法
张志敏	全国优秀教育工作者、上海市特级校长、上海格致中学校长	校长的文化使命和教育境界	从文化自觉的内涵、文化的演绎以及学校文化形态的培养等多方面来分析校长的文化使命并提出校长专业成长的愿景：终身的学习者，让学习成为需要；严谨的研究者，让研究成为习惯；积极的创新者，让创新成为追求
周跃良	浙江师范大学成人与继续教育学院院长，教授，博士、硕士生导师	信息时代的教与学——我们正在面临的变革	信息技术在教育中的作用为什么没有想象的好，如何才能更好地体现信息技术的教育价值，未来会是怎么样等方面来介绍和思考信息技术的教育价值
傅建明	浙江师范大学教授、博士	生态校本研究的实践	生态校本的概念，学校生态校本研修课程的开发与校本研修实施的路径，优秀校本课程研修案例分析
杨天平	浙江师范大学教授、博士生导师	我的学校、我的文化	对8位学员发表的观点进行专家评点
张天雪	浙江师范大学教授、博士、硕导	领导课程教学	树立教学为中心的理念，统整教学改进，落实课程政策，领导学校的课程教学不断改革和创新
李伟	浙江师范大学教师教育学院博士、教授、硕士生导师	初中生的"存在"和教育对策	对当前初中生教育中出现的问题、原因和对策等进行分析、思考和交流
杨卫玲	金华市教育局党委委员、直属机关党委书记、硕士	营造育人文化	坚持育人为本的理念，发挥学校育人功能，优化学校育人环境，打造精神乐园
何宝钢	金华教育学院党委书记、教授、硕士	对初中学校管理的思考	运用典型案例，分析当前初中学校管理存在的问题，探讨如何构建高效合理的学校管理体制和机制
胡吉省	金华教育学院院长、党委副书记、教授	初中管理的人文关怀	让学校管理增添浓浓的人情味
吴惠强	金华教育学院党委副书记、副院长，教授级高级教师、硕士	调适初中学校的外部环境	树立合作共赢的理念，锤炼公共关系的能力，合理利用外部资源，调适学校外部环境
陈志沛	金华教育学院党委委员、纪委书记、副研究员、硕士	规划初中学校发展	坚持学校发展的理念，拓展视野，做一个大气、有境界的校长，突出学校特色，打造学校品牌，规划学校美好未来

授课教师		培训课程	
姓名	基本情况介绍	课程（专题）名称	内容介绍
张震雷	金华五中校长兼党支部书记、省特级教师、省名师名校长培养工程导师、中学高级教师	金华五中的历史和管理	百年名校金华五中的历史介绍，今天的管理之道分享和未来的憧憬展望
徐锦生	浙江省功勋教师、金师附小教育集团总校长	金师附小校园文化建设专题	一所百年名校传承与接力的奥秘
茅珠芳	金华教育学院副教授、硕士、本班班主任	校长参训期间的管理与蹲点剖析协助	做好参训校长的接待、服务、管理等工作；蹲点期间的沟通协调等事务
李晓	浙江师范大学硕士研究生、本班"场记"	蹲点剖析协助和指导	参训学员蹲点剖析期间的协助工作

四、上述培训方案经有关教育行政部门审核认可后，将通过省中小学教师专业发展培训管理平台向广大培训对象发布。

三、培训基本条件

培训教学条件（短期或专题培训项目可以不填）				
	实践基地单位名称	负责人	地 址	学校办学特色
实践基地	金华五中	张震雷	金华市八一南街 301 号	特色教研、特色校园文化
	金华金师附小	徐锦生	金华市中山路 68 号	非智力因素研究和特色教育
	兰溪聚仁学校	郭慧	兰溪市兰江街道府前路 162 号	特色周等特色教育
	台州桐峪中学	包彦禹	临海市小芝镇溪头小区块	学校服务中心建设
	杭州建兰中学	沈国强	杭州市上城区抚宁巷 58 号	幸福家园
	诸暨海亮学校	赵鲁均	诸暨市环城北路 8 号	特优教育

培训生活条件（无须安排住宿、餐饮的培训项目，可以不填）							
住宿	□校内	□学生宿舍 □招待所（旅馆）					
		住宿地名称及详细地址					
		房间：单人 间，双人 间，三人 间，四人 间，可住宿 人。					
		电话：√有□无		宽 带：√有□无		电 视：√有□无	
		空调：√有□无		卫生间：√有□无		热水淋浴：√有□无	
	√校外	□学生宿舍 √招待所（旅馆）□租用公寓					
		住宿地名称及详细地址	金华市环城北路小城故事时尚酒店（金华市婺城区环城北路 816 号）				
		房间：单人 20 间，双人 50 间，三人 0 间，四人 0 间，可住宿 120 人。					
		电话：√有□无		宽 带：√有□无		电 视：√有□无	
		空调：√有□无		卫生间：√有□无		热水淋浴：√有□无	
就餐		就餐地点：√学校食堂 □招待所（旅馆）食堂 □学员自理					

联合申报培训项目的教师进修学校或中小学简况（如无联合申报，可以不填）			
单位名称		校长	联系电话
□国家级示范性县级教师进修学校 □省级示范性县级教师进修学校 □示范性中小学			
申报学科的专职教师 人，其中特级教师 人；中学高级职称 人。			

合 作 形 式	
职 责 分 工	
备注（凡承担 培训学员食宿 的，详细说明 食宿条件）	

四、培训经费预算

序号	支出科目	具体支出科目	人均标准 （单位：元）
1	培训业务与公务费	制订培训计划、培训活动组织、水电等日常教学运行设施支出，导师授课费、指导费、导师接待费等公务和业务费用	2700
2	资料费	教材、参考资料和讲义费用	200
3	教育实践活动经费	教育实践指导及实践期间管理费、交通费等	1200
4	住宿费	学员住宿补助	1200
5	伙食费	学员伙食补助（按省财政规定标准）	700
	合计		6000

项目负责人签字：吴惠强

2014 年 12 月 30 日

五、审核意见

培训管理机构 审核意见	负责人签名：盖章 　　　　　　　　　　　年　　月　　日
主管学校（单位） 审核意见	单位签章 　　　　　　　　　　　年　　月　　日
专家评审意见	签章 　　　　　　　　　　　年　　月　　日
有关教育行政 部门审核意见	单位签章 　　　　　　　　　　　年　　月　　日

四、骨干校长的培训模式

金华市骨干校长（包括金华市名校长以及名校长培养人选）培训坚持以高层次的理论培训为引领，以课题研究为抓手，以动态管理和考核激励为手段，努力建设一支高素质的教育家型的，在金华市乃至浙江省区域内形成示范与引领作用的骨干校长队伍。

（一）坚持以高层次理论培训为引领

金华市教育局每 2 至 3 年公布一批金华市的名师名校长培养人选，到目前为止，共公布了七批金华市名师名校长培养人选。每一批名师名校长培养人选公布以后，学院均组织他们到华东师范大学进行为期一周的高层次理论培训，以拓宽他们的视野，提升他们的素养。随后，组织一次分学科的委托高校的专业理论培训。

每年暑期，学院组织金华市直属学校（单位）党政一把手到全国知名高校培训。比如 2014 年到北京师范大学培训，2015 年到厦门大学培训。

（二）坚持以课题研究为抓手

发现问题、研究问题、解决问题，以科研促学校发展是校长义不容辞的职责。为了进一步抓好金华市骨干校长的培养培训工作，金华市教育局出台了《金华市"名师名校长工程"科研课题管理办法》，每一批的名师名校长培养人选都要结合自己的工作实践申报一个市级课题，金华市教育局组织对申报的课题进行审查立项，两年后结题，金华市教育局组织评审，对优秀的课题研究成果进行评定并给予一定的奖励。

（三）以动态管理和考核激励为手段

为了鼓励校长充分发挥他们在教书育人、教学科研等方面的示范带头作用，创新学校管理，促进教育改革和发展，金华市教育局开展了金华市名师名校长的评选，至目前为止，共评了三届，评出来的名师名校长都具有师德高尚、业务精湛、成绩卓著的特质。

为了加强对这支队伍的建设与管理，金华市教育局还制定了《金华市名师名校长管理暂行规定》，明确了职责和要求，并以学年为单位组织考核，考核结果作为奖励的依据。

五、骨干校长的培训特色

（一）主管部门高度重视

金华市教育局作为教育行政主管部门十分重视骨干校长的培训工作。每年年初，市教育局都会进行专题研究，分管局长亲自把关安排制订当年的骨干校长和骨干教师的培训计划，落实培训工作；金华市政府每年拨出 100 万元经费用于名师名校长的培养培训工作，确保有比较充裕的资金用于骨干校长的培训；每次组织骨干校长外出学习，其培训方案及课程的安排都在调研的基础上，与委托的高校至少有三个来回进行协调、修改和完善，目的是使培训内容更具针对性、培训安排更具科学性、培训专家更具高层次性，培训效果更好；每一次外出培训学习，金华市教育局的分管局长或人事处的处长都亲自带队，认真学习、严格管理，因此，每一次培训都收到了很好的效果。

（二）依托知名高校

骨干校长是教育界的精英，他们不但有丰富的实践管理经验，也有一定的理论功底，他们的岗位也要求他们必须站得更高、看得更远，因此，组织他们到高校去培训是一个不错的选择。学院先后组织金华市名校长培训人选到浙江师范大学、杭州师范大学、华东师范大学、华南师范大学、西南师范大学、北京师范大学、南京师范大学、山东师范大学、北京国家教育行政学院、浙江大学、武汉大学等全国知名高校学习，一是聆听高校大师们对一些与教育相关问题的高水平、高层次的报告，二是了解所在省、市教育改革最成功的经验，取得了良好的效果。

（三）坚持研训结合

金华市每一批中小学名校长培养人选选拔出来以后，学院既组织他们到高校培训，又要求他们每一个人都要申报课题，并根据《金华市"名师名校长工程"科研课题管理办法》进行立项评审，中期检查，结题成果鉴定评奖，真正实现培训与研究相结合，理论与实践相结合。同时，在每一次高校培训结束后，都要求骨干校长根据培训内容，结合平时领导与管理的工作实际，撰写工作论文一篇，将培训学习到的理论运用到学校教育教学改革与学校管理之中。平时，金华市教育局还组织校长论坛，各种专题会议等活动，通过交流将学校改革与管理中的成功做法进行概括，上升到一定的理论高度，反过来指导下一步工作实践，从而真正实现研训结合，以研促训，以训带研，促进金华市基础教育改革向纵深发展。

（四）实行考核激励

为了进一步加强骨干校长队伍建设，金华市教育局组织了四年一次的金华市名校长评选。同时，为了发挥名校及骨干校长的示范和辐射作用，金华市教育局每年对名校长及名校长培训人选进行量化考核。考核采用百分制，内容涵盖教学改革、学校管理、教师培养、学校创新等，教育局每年拨出专项资金数十万元，用于奖励名师名校长及培养人选，大大调动了名校长及培养人选投身教育教学改革、全面提升基础教育质量的积极性。

第三章
教师培训：助推教师专业成长

百年大计，教育为本；教育大计，教师为本。建设一支高素质的教师队伍，是扎实推进素质教育的关键，是全面深化课程改革的迫切需要，是实现高质量教育的一个基本条件。而有效的教师培训是促进教师专业成长与发展的重要路径之一，是加强高素质教师队伍的重要措施之一。因此，教育部于1999年9月13日发布了《中小学教师继续教育规定》，以法规的形式确立了教师培训的法律地位。其中规定"中小学教师继续教育每五年为一个培训周期"，"以提高教师实施素质教育的能力和水平为重点，坚持因地制宜、分类指导、按需施教、学用结合的原则"。培训分为三个层次：为新任教师在试用期内适应教育教学工作需要而设置的新教师试用期培训，培训时间不少于120学时；为在任教师适应岗位要求而设置的教师岗位培训，培训时间每五年累计不少于240学时；对有培养前途的中青年教师按教育教学骨干的要求和对现有骨干教师按更高标准要求而设置的骨干教师培训。2010年12月7日，浙江省教育厅发布了《浙江省中小学教师专业发展培训若干规定（试行）》（浙教师〔2010〕175号）文件，其中第五条规定"中小学教师专业发展培训每5年为一个周期。在职中小学教师，周期内参加专业发展培训时间应累计不少于360学时，其中校本培训时间的计算不超过总学时的三分之一。教师周期内培训时间，可以集中使用，也可分散使用，但每年参加培训时间一般不低于24学时，周期内至少参加一次不少于90学时的集中培训。新录用的、教龄在一年以内的新任教师，在试用期内须参加不少于 180 学时的培训，其中实践培训不少于 60 学时。新任教师在试用期内接受规定培训的时数，不列入教师周期内专业发展培训时数"。其培训要求比教育部的规定更高了。

十年来，学院严格按照教育部及浙江省教育厅的要求，以抓好各个层次的培训为重点，以"注重调研、统筹规划、改革创新、按需施训、追求实效"为原则，以质量监控为抓手，拓宽培训途径、优化培训内容、创新培训模式、提高培训质量，努力构建"全覆盖""高效益""开放式"的中小学教师教育新体系，精心打造精品培训项目，积极宣传并落实"关注中小学""融入中小学""研究中小学""引领中小学"的理念，助力全市每一位教育工作者专业快速成长，取得了较好的成绩。

第一节　新教师试用期培训

新教师试用期培训是指对当年新招聘（分配）到中小学任教的毕业生进行有目的有计划的，使其尽快适应教育教学工作的培训。我国的新教师试用期培训始于 1994 年，1994 年 11 月 14 日，原国家教委（教育部）发布了《关于开展小学新教师试用期培训的意见的通知》（以下简称《通知》），《通知》要求，新分配到小学任教的毕业生在第一年试用期必须接受不少于 120 学时的培训，采用集中培训和分散培训两种方式进行。集中培训由各地区的教师进修学校承担，培训内容为教育政策法规、教师职业道德规范、所任教学科的教学大纲、教材教学分析及班主任工作等知识的培训。分散培训在新教师任教学校进行，学校指派本校有经验的教师作为辅导教师，对新教师进行传帮带，可采取备课、说课、听课、评课、检查作业批改、考核教学效果等方式方法进行培训，帮助新教师掌握课堂教学技能，俗称师徒帮带制。1999 年，教育部发布了《中小学教师继续教育规定》，对新教师的试用期培训对象从小学扩大到所有的中小学。2010 年，浙江省教育厅公布的

《浙江省中小学教师专业发展培训若干规定（试行）》（浙教师〔2010〕175号）文件中，将新教师试用期培训的学时从 120 学时提高到 180 学时，并且规定"新任教师在试用期内接受规定培训的时数，不列入教师周期内专业发展培训时数"。学院从 2006 年到 2015 年的新教师试用期培训就是按照教育部（原国家教委）及浙江省教育厅的有关政策，并结合本地相关实际进行的。

一、培训目标

根据教育部的相关文件，结合本地的实际，学院提出了中小学新教师试用期培训的目标如下：

一是通过培训，使新教师进一步确立忠诚于人民的教育事业的专业思想，热爱教育事业，热爱学生，树立良好的师表形象。

二是熟悉有关的教育政策以及教育法律法规。

三是初步掌握所教学科的课程标准、教材教法和教学常规，具有一定的教学能力。

四是尽快适应中小学教学工作。

二、培训内容与课程

培训内容与课程是为了实现培训目标，根据教育部文件中关于培训的要求以及新教师的培训需求而确定的。为了使培训更具有针对性，学院在"十一五"期间，利用新教师试用期培训的机会，开展了一次新教师试用期培训需求的调查，并对调查情况进行了统计分析，其中"新教师面临的主要问题"是要求通过培训以及在学校的教育教学实践中加以解决的，"新教师对试用期培训内容的需求"是要求在培训课程中加以体现的，对这两个方面的调查结果如下：

（一）新教师面临的主要问题

新教师面临的主要问题列表

新教师面临的主要问题	排序	新教师面临的主要问题	排序
控制课堂纪律	1	组织班级活动	11
处理偶发事件	2	制订授课和教学工作计划	12
课堂教学技能	3	正确评价学生的学习水平	13
激发学生的学习动机	4	有效使用教科书和教学指导	14
处理个别学生问题	5	学科知识不足	15
处理与家长的关系	6	语言表达能力欠缺	16
处理与学生的关系	7	不了解教育政策法规	17
处理与校长的关系	8	遇到问题得不到有效的帮助	18
缺少空闲时间进行进修	9	无共同话语，孤独	19
缺乏学生心理辅导技能	10	处理与同事的关系	20

（二）新教师对试用期培训内容的需求情况

新教师试用期培训内容需求表

需求项目	排序	需求项目	排序
组织班级活动和当好班主任的基本技能培训	1	对教学信息及辅助材料的收集和利用方面的培训	9
控制课堂纪律的技能培训	2	个别学生心理健康辅导的培训	10
基本教学方法和教学常规的培训	3	所教学科专业知识的培训	11
正确处理人际关系的培训	4	教育理论及教学法知识的培训	12
因材施教技能的培训	5	使用多媒体技能的培训	13
正确评价学生的方法的培训	6	教育政策与法律法规的培训	14
处理所教学科内容方面的培训	7	教师职业道德的培训	15
制订课程与教学计划的培训	8		

根据以上的调查，学院确定新教师试用培训中理论培训的模块为：师德与教育政策法规、班主任工作、教育教学理论和学科知识、教学技能与教学基本功、人际关系处理等。其中对新教师心理调适能力的培养、人际关系的训练和教学反思能力的培养等方面给予了关注。

在培训时间安排上，根据教育部及浙江省教育厅的相关文件，"十一五"期间，新教师试用期培训的时间为 140 学时，其中理论培训为 60 学时（8

天），实践培训为 80 学时。"十二五"期间，新教师试用期培训时间为 180 学时，其中理论培训为 80 学时（10 天），实践培训为 100 学时。为此，学院在 2006 年至 2010 年的新教师试用期培训中，安排了 140 学时的培训，在 2011 年至 2015 年的新教师试用期培训中，安排了 180 学时的培训。

2010 年新教师试用期培训安排如下：

2010 年新教师试用期培训课程安排表

培训日期	上下午	内　容
11 月 12 日（周五）	上午	开班仪式　新课程背景下的教学设计（金华教育学院　吴克强副教授）
	下午	如何用先进理念促进自我成长（特级教师　金华一中副校长寿才明）
11 月 13 日（周六）	上午	教师发展应具备的基本意识（原金华市教育局副局长　许璋）
	下午	做一个有魅力的教师（特级教师　金华市外国语学校副校长张春良）
11 月 14 日（周日）	上午	教师情绪管理（心理咨询师　金华职业技术学院俞旭红副教授）
	下午	做一个让学生眷恋的班主任（金华市名师　金师附小副书记吴小军）
11 月 20 日（周六）	上午	班主任工作及教师专业发展介绍（金华市优秀班主任　金华四中陈惠强）
	下午	怎样写科研日记（金华市名师　金师附小副书记吴小军）
11 月 21 日（周日）	上午	名师是怎样炼成的（义乌市教育研修院　陈伏亮教研员）
	下午	对教师成长的建议和思考（金华市教育局基教处处长　吴惠强）
11 月 26 日（周五）	上午	到中小学名校听课、交流
	下午	
11 月 27 日（周六）	上午	中小学新教师法律法规知识讲座（金华教育学院　茅珠芳）
	下午	优秀班主任经验介绍（浙江省优秀班主任　义乌四中副校长金栋）
11 月 28 日（周日）	上午	优秀教师经验介绍（浙江省名师　金华市外国语学校　郭丽芬）
	下午	总结交流反馈，新教师代表发言，考试

2015 年新教师培训安排如下：

2015 年新教师试用期培训课程安排表（分四个阶段）

	培训日期		内　容	授课（主持）
第一阶段	11 月 5 日（周四）	上午	开班仪式 / 组建小组合作学习团队	阮为文 陈爱娟
		下午	追寻更有效的课堂教学	周红星
	11 月 6 日（周五）	上午	今天我们怎样当好老师	吴克强
		下午	让信息技术为教学插上翅膀	周红星
	11 月 7 日（周六）	上午	课程 课改 课堂	丁斌
		下午	教学 教研 科研	丁斌

培训日期			内　　容	授课（主持）
第二阶段			新教师教育教学实践培训共 5 天，培训时间跨度 11 月 8 日至 12 月 8 日期间，具体时间地点内容另行通知。（陈爱娟组织）	
第三阶段	12 月 11 日（周五）	上午	新时代青年教师成长感悟	施江舟
		下午	优秀青年教师漫谈教学、班级管理。	邵红 张璟
	12 月 12 日（周六）	上午	分小组交流展示教学实践成果，并推选出优秀成果。	陈爱娟
		下午	分小组制定自我成长的规划与方案	陈爱娟
第四阶段	2016 年 3 月至 5 月		新教师在所任教学校开展教育教学教研实践活动，并保质保量完成任务，并按时上交作业。组织作业评比和展示。评选优秀学员。颁发结业证书。	陈爱娟

其中，第四阶段的安排如下：

2015 学年金华市区新教师试用期培训第四阶段实践安排

一、时间：2016 年 3 月至 5 月

二、地点：所任教的学校

三、内容：

1. 开设一节校级或区级研究课

2. 撰写一份课例分析研究报告（2000 字以上）

四、归档

请把以上 2 项内容（上课证明由校级教务处开具并盖章、校级以上凭教研活动通知；课例分析）以电子稿（上课证明可以拍照）形式先上交到第二阶段实践学校组组长处，再由各个组长于 5 月 25 日前统一交给金华教育学院干训处陈老师邮箱：243339554@qq.com

五、评奖

四个阶段培训完成后，金华教育学院干训处根据每位新教师的总体表现，以 20% 的比例评选出优秀学员，并颁发证书。

六、领证

2016 年 6 月对完成整个培训并取得合格以上成绩的新老师颁发合格证书。证书由第二阶段实践学校组组长于 6 月 25 日前先到教育学院干训处领取本组老师的证书，再负责发放到位。

第三章　教师培训：助推教师专业成长

三、培训实施

（一）由金华市教育局下达关于组织当年新教师试用期培训的文件

新教师试用期培训属于指令性培训，每一位新录用到教育系统的教师都必须参加新教师试用期的培训，并将培训情况作为新教师试用期一年期满后转正定级的重要依据。因此，每年都由金华市教育局下文组织培训。

关于印发《金华市区 2015 学年中小学新教师试用期培训计划》的通知

金市教办人〔2015〕16 号

各区教育局，市直有关学校：

根据教育部《中小学教师继续教育规定》《浙江省关于开展中小学教师继续教育的若干意见》和《金华市中小学教师继续教育实施意见》等文件，现将《金华市区 2015 学年中小学新教师试用期培训计划》印发给你们，请认真贯彻执行。

各区教育局和市直有关学校于 10 月 15 日前将 2015 年新招聘的教师名单（用电子表格制）发送金华教育学院干训处。联系人：陈老师；联系电话：89107215；邮编：321019；电子信箱：jh89107227@126.com

附件：1. 金华市区 2015 学年中小学新教师试用期培训计划

2. 区（学校）2015 年中小学新教师名单

金华市教育局办公室

2015 年 9 月 29 日

附件1：

金华市区 2015 学年中小学新教师试用期培训计划

一、培训目标和要求

以新课程改革为导向，以提高新教师专业素养和教育教学能力为目的，以"新理念、新课程"为重点，集中培训和自主学习相结合，通过专家引领，以参与式课程培训模式开展新教师培训工作，提升培训实效，促使新教师成为一名热爱教师职业、胜任教育教学工作的合格教师。

二、培训对象

三个区教育局所属学校和市直有关学校 2015 年新招聘的教师（中职学校为文化课教师）。

三、培训内容及安排

（一）培训内容包括理论学习和教育教学实践两部分

（二）分为四个阶段

第一阶段："集中专题体验和参与式培训阶段"。11 月 5 日至 7 日，共 3 天。培训安排：对新教师成长初期遇到的问题集中分析，邀请专家和名师开展集中专题参与式培训，通过专家引领深层次地剖析新教师成长中遇到的问题，寻求解决途径，打开思路，开阔视野；在参与体验式培训中引导新教师反思自己的经验和方法，在交流和分享中实现自我提升。

第二阶段："学科课堂教学和班主任工作名师指导阶段"。11 月 8 日至 12 月 8 日，其间安排 5 天实践培训。培训安排：新教师分年段以学科为单位组成学习共同体，聘请市内相关学科名师作课堂教学指导，通过"在看中学""在做中学"以及名师的面对面指导，尽快熟悉和掌握教学技能，提高教学水平。

第三阶段："学习共同体汇报交流阶段"。12 月 11 日至 12 日，共 2 天。培训安排：新教师集中交流第一、二阶段的学习成果，聘请专家和名师引领新教师制定职业成长规划，树立职业信念，为今后的职业发展奠定坚实的基础。

第四阶段：2015 学年第二学期，共 3 个月。根据培训作业在本校或学习共同体学习实践和交流。举行结业典礼。

（三）180 学分构成

以上第一、二、三阶段共计学分 80 分。新教师在本校或跨校，以学科为单位组成教育教学共同体，开展互助交流，共同提高。时间为试用期期间，其中听课 28 学分、公开课 32 学分、班主任和学生思想道德工作 40 学分。

四、报到时间与地点

第一阶段报到时间：11 月 5 日上午 8：30 前。（其他几个阶段活动另行通知）

报到地点：金华教育学院大礼堂（环城北路 639 号）。

五、培训考核

新教师经试用期培训考核合格，累计达到 180 学分者，发给《中小学新教师试用期培训合格证书》。考核结果将通知到任职学校所在区教育行政部门，作为试用期满转正、定级的必备条件。

六、培训费

中小学新教师试用期培训费用按金华市物价局核定的标准收取，1200 元／人（含教材资料费和教学实践费等）。

培训期间差旅费回所在单位报销。

附件 2：

区（学校）2015 学年中小学新教师名单

姓 名	性别	学历	毕业学校	手机	现工作单位	任教课程

（二）组织市直及三个区的新教师报名，并开展一些调查研究

报名以区为单位统一组织，由市直各学校及三个区的教育局根据金华市教育局新教师试用期培训文件中附件 2 的格式，填写参加当年新教师试用期培训的名单，并把名单报到金华教育学院干训处。干训处相关工作人员在收到参训名单后，通过电话、QQ、走访了解等形式，了解新教师的培训需求，然后修改并完善新教师试用期培训方案。

（三）组织新教师试用期培训

根据培训方案，精心组织新教师试用期培训，每年都取得圆满成功。以

2015 年为例，培训分理论培训和实践培训。

1.理论培训方面

在金华教育学院集中学习 10 天，计 80 学分。培训共分四个阶段。

第一阶段："集中专题体验参与式培训阶段"。11 月 5 日至 7 日，主要对新教师成长初期遇到的问题进行集中分析，邀请专家和名师开展集中专题参与式培训，通过专家引领深层次地剖析新教师成长中遇到的问题，打开思路，开阔视野寻求解决途径；在参与体验式培训中引导新教师反思自己的经验和方法，在交流和分享中实现自我提升。这一阶段学院结合主题邀请了吴克强副教授、省市知名特级教师、资深教研员周红星老师和金华市教研室副主任丁斌老师分别做了题为《今天我们怎样当好老师》《追寻更有效的课堂教学》《让信息技术为教学插上翅膀》《课程 课改 课堂》《教学 教研 科研》等专题讲座，获得了新教师们的一致点赞。

第二阶段："学科课堂教学名师指导阶段"。11 月 8 日至 12 月 8 日共 5 天，安排新教师组成学科教学学习共同体，聘请市内相关学科的名师为新教师做课堂教学指导，通过"在看中学""在做中学"，使新教师尽快熟悉和掌握教学技能，提高教学水平。具体以学科和学校相结合为单位，分别到 12 所学校实践，避开原先分配的学校，本阶段结束完成并上交作业和考核表。

第三阶段："学习共同体的汇报交流阶段"。12 月 11 日至 12 日共 2 天，安排新教师集中交流第一和第二学习阶段的学习成果，聘请专家和名师引领新教师制定新教师职业成长规划，树立职业信念，为今后的职业发展奠定坚实的基础。这一阶段学院结合主题邀请了优秀青年教师代表翁国民和张璟两位老师，他们结合自己的成长历程，与新老师们一起分享了"班级管理、教学研究、为人处事"等方面的诸多金点子，颇受老师们欢迎。

第四阶段：2015 学年第二学期，根据培训作业在本校或学习共同体学习实践和交流。2016 年 6 月举行结业典礼。

2.实践培训方面

教育教学实践时间 3 个月，共计 100 学分。新教师的教育教学实践环节在"学科教学学习共同体下"的互助交流中完成。时间为试用期期间，主要内容有：听课、公开课、班主任和学生思想政治工作。这一阶段所有参加培训的新教师带着任务分别在自己所在学校进行教育教学实践，于2016年5月30日前完成并上交三项作业。

最后根据试用期培训的所有表现和考核情况评出表现突出奖22名、优秀学员20名和优秀作业一、二等奖41名（奖励《正能量》等书籍）。

另外，新教师经试用期培训考核合格，累计达到180学分者，发给《中小学新教师试用期培训合格证书》。考核结果通知到任职学校所在区教育行政部门，作为试用期满转正、定级的必备条件。

这个项目一大特点就是培训人数多、时间长而且分跨四个阶段，因此组织和落实难度比较大。为了使培训更有实效性，项目负责人陈爱娟老师严格把关各个环节的有效落实，踏踏实实做好这个项目的培训。比如，做好培训前调查分析，了解各个年段各个区域新教师的共性需求和个性需求，为第二阶段学校实践做好充分准备；聘请教育教学经验丰富的专家和管理人员进行授课，提高课堂教学的质量；从严管理，确保参训率100%。为了保证培训质量，学院采取两项措施：分好座位，培训前将短信发到新教师手中，每天按固定座位点名两次和不定时抽查；因特殊原因临时请假的老师允许他们补课（另外安排他们听其他讲座，并且要求上交听讲座后的心得体会）。第二点新教师完成得都很好，甚至有些没请假的老师也主动要求去听讲座。

3.成果汇报及培训总结

为了让培训成果显性化，也为了使学员的培训收获内化到自己知识结构之中，学院在每期的培训班结束之前，都要求学员撰写培训收获与感悟。最后还举行隆重的结业典礼。结业典礼的内容包括项目负责人培训工作总结、优秀学员培训收获与感悟汇报、培训成果展示、优秀学员颁奖、颁发新教师试用期培训合格证书等。结业典礼也对新教师的未来发展提出殷切的希望。

四、培训特色

（一）以新教师的培训需求为依据，构建培训内容体系

教育部及省教育厅对新教师试用期培训的目标、要求及内容都做出了规

定，但那是粗线条、框架式的，在这框架内，新教师最需要哪些方面的培训是有待培训机构进行调查研究的。为此，学院曾两次利用新教师培训的机会，对新教师在教育教学中面临的主要问题及他们最需要培训的内容进行了问卷调查，并根据教育局新教师试用期培训的课程内容要求及学员的需求，构建起新教师试用期培训的内容体系。

（二）以新教师参与培训为主线，创新新教师试用期培训的形式与方法

建构主义认为，学习不是知识由教师向学生的传递，而是学生建构自己的知识的过程；学习者不是被动的信息吸收者，而是主动地用已有的知识经验对新知识、新信息的意义建构，这就意味着学习是主动的双向建构过程，既包括对新信息的意义建构，又包括对原有经验的改造与重组。对此，学院采取了以下的培训形式与方法：

一是理论讲座坚持以案例教学为主。案例教学作为理论联系实践的桥梁，在教师培训中的运用具有重要价值。因为，在案例教学中，通过使用各种不同的案例，使参训教师身临各种各样的具体教育情景，并通过引导他们对具体教育情景中所蕴含的问题进行分析、讨论，使其获得处理各种教育教学突发事件的能力训练的机会，以期提高他们解决具体教育情境问题的能力。学院在聘请给新教师做理论讲座的专家时，力求请一线的名师以案例的形式给学员讲课。同时，注重师生之间的互动交流，获得了学员的好评。

二是组织参与式的问题研讨。先由参训教师提出自己在教学实践中遇到的实际问题。接着，其他参训教师在培训者的指导下共同对这一问题进行分析、讨论。最后，由培训者对这一问题的讨论情况加以总结。比如，学院组织了如何有效控制课堂纪律、如何处理与校长及同事之间的关系、如何处理偶发事件等培训。

（三）以新教师的教育教学能力提升为重点，突出实践培训

教师的工作是一项专业性比较强的实践性工作，无论是课堂教学还是平时对学生点点滴滴的教育培养，都是教育教学的实践。对新教师而言，尽快掌握教育教学过程中可能发生的各种问题以及解决的方法，尽快适应中小学教育教学工作，站稳讲台，既是新教师试用期培训的目标，也是新教师工作

前三年的奋斗目标。为此，学院在培训中强调突出实践培训，做到：

第一，在理论培训中，尽可能聘请一线的名师及教研员给学员讲新教师在实践中碰到的问题及解决的方法，同时，组织新教师对这些问题进行讨论、交流，以获取解决问题、提高教育教学能力和水平的间接经验。

第二，在实践培训中，安排以名师带徒弟的形式，让名师手把手指导新教师进行备课、上课、处理学生之间的问题，提高新教师的教育教学能力和水平。

（四）注重反思的习惯和能力培养

经验＋反思＝成长。这是美国教育家波斯的著名公式。对于新教师，养成反思的习惯很重要，能够使其尽快地站稳讲台。新教师的反思应以指向自己赖以生存的教育教学技能为主，比如每天写反思日记，在公开课、观摩课等教研活动结束以后，必须写反思性总结等。当然，除此之外，还可以开展行动研究、对话研讨等。我们在培训中，通过提交各种反思性作业，组织研讨交流等形式，培养学员的反思能力与反思习惯。

（五）重视对学员的培训考核

布置一定的作业和考核是促进学员认真学习，提高培训效果的重要手段。学院在每一个阶段的培训中，都有作业布置给学员，而且每一次作业都要进行检查，并根据学员作业完成的质和量，以及学员在培训期间的各方面表现，开展优秀学员的评定和表彰，有效地推动了学员的培训学习，提高了培训质量。

第二节　中小学教师岗位提高培训

金华教育学院 2006 至 2015 年的中小学教师岗位提高培训分为三个阶段。2007 年以前，实行的是指定的教师培训模式，即每年由金华教育学院根据学段学科进行分类，拟定暑期中小学教师继续教育（培训）计划，然后由金华市教育局下发文件，再组织中小学教师报名，最后由金华教育学院在暑期组织中小学教师进行培训。每人每年参加 48 学时的培训。

2007 年至 2011 年，根据金华市教育局的要求，实行以网络培训为主，集中培训为辅的中小学教师继续教育政策。金华教育学院与杭州师范大学继续教育学院开展合作，借用杭州师范大学继续教育学院的网络培训资源和平台，每年在平台上开设数百门网络培训课程，由中小学教师在每年的六月底进行报名，暑期通过网络进行学习并完成作业。中小学骨干教师的培训则以集中培训的形式进行。每人每年参加 48 学时的培训。

2011 年 7 月 1 日至 2015 年，浙江省教育厅实施教师培训制度改革，实行"培训机构开放竞争、教师自主选择培训课程"的培训模式。省教育厅统一建立中小学教师培训管理平台，各培训机构根据教师的需求积极开发培训项目，经教育行政部门审核，在省平台上发布，然后，中小学教师每年两次在省平台上进行选课报名，最后中小学老师根据自己所选的课程，参加培训机构根据培训项目方案实施的培训。

其中的义务教育阶段（初中、小学）教师于 2005 年至 2007 年，开展了全省统一的义务教育阶段教师素质提升工程培训。2008 年至 2010 年，开展了全省统一的义务教育阶段"领雁工程"培训。

一、义务教育阶段的农村中小学教师素质提升工程培训

（一）2005 年至 2006 年市区的农村中小学教师素质提升工程培训情况

根据《浙江省人民政府办公厅转发省教育厅省财政厅关于全省农村中小学"四项工程"实施办法的通知》（浙政办发〔2005〕39 号）和《浙江省教育厅关于实施农村中小学教师素质提升工程的通知》（浙教师〔2005〕151号）及金华市教育局《关于组织金华市区农村中小学教师参加素质提升培训的通知》（金市教职成高〔2005〕53 号）文件精神，金华市区第一批农村中小学教师素质提升培训于 2005 年 8 月 27 日正式启动，至 2006 年 5 月 28日结束。共有 950 名市区农村中小学教师参加了培训，有 937 人参加了 5 月28 日的全省统考，因病因事缺考 13 人，成绩合格 924 人，合格率 98.6%。

1. 加强领导，明确培训目标、对象及要求

金华市教育局及学院领导十分重视培训工作。为了抓好此项工程，市教育局专门下发了《关于组织金华市区农村中小学教师参加素质提升培训的通知》（金市教〔2005〕53号）。作为此项工程的承办单位，学院召开了培训专题工作会议三次，进一步明确了农村中小学素质提升工程培训的目标：开展以"新理念、新课程、新技术和师德教育"为重点的新一轮农村中小学教师全员培训，不断更新教育观念，提高教师的职业道德素养、实施素质教育和新课程的水平、运用现代教育技术进行教育教学的能力，全面提升市区农村中小学教师队伍的整体素质。会议进一步明确了培训对象：金华市中心城区以外的婺城区、金东区、开发区的全体初中、小学在职教师。进一步明确了培训的要求：农村中小学教师素质提升工程是省长工程，也是造福于教师的工程。各区教育局、教研室以及各农村中小学务必重视此项工作，扎实做好与培训有关的各项工作，提高培训质量；金华教育学院务必要认真做好培训工作，加强培训管理，切实提高培训质量，保质保量按时完成培训任务；市区农村初中、小学务必认真做好规划，每年派教师总人数的三分之一左右参加培训；要督促教师按时参加集中培训，同时，认真抓好校本培训工作，努力提高校本培训的质量。

2. 认真备课，提高培训的针对性和有效性

根据浙江省教育厅的"四个统一"原则，第一批素质提升培训共开设：师德与教师职业、E环境下的中小学学科教学研修、新课程学科教学评价、新课程教学设计与案例分析等四门课程。参加辅导的教师全部由金华教育学院的教师担任。这些教师不但是学院从事继续教育的优秀教师，而且他们都参加了省级农村中小学教师素质提升培训的备课活动，回来以后，学院专门召开了研讨会，就培训辅导的内容、形式、要求进行了研讨。培训分两个阶段进行，第一阶段为公共课，共3天，其中"师德与教师职业"一天半，"E环境下的中小学学科教学"研修的理论与操作部分一天半，于2005年12月完成。第二阶段为"E环境下的中小学学科教学"研修的分学科部分、新课程学科教学评价、新课程教学设计与案例分析，共5天。在培训中，辅

导教师不但完成了省里布置的教学任务，而且结合中小学教师教学一线的实际情况，开展了观摩课、研讨等活动，提高了培训的针对性和有效性。应该说，整个培训内容的设计是符合新课程理念和目前新课程教学实际的，也具有较强的针对性。但是，因为要组织全省的统考，培训中相对比较注重理论知识的传授与讲解，较重视原理、规律、理念方面的培训，而对于如何上新课程改革的课等操作层面的内容讲得较少。从学员反馈的情况看，教师们喜欢教研活动式的培训。

3. 加强培训工作的管理，确保培训质量

根据浙江省教育厅的文件要求，实行教考分离。这是确保培训质量的重要措施。虽然，教师对于这样的运作方式有较大的意见，甚至认为组织全省的统考"不符合新课程改革的要求"，但从督促教师真正学东西的角度看，还是有效果的、可行的。而且参训教师的过程考核按 40% 的比例计入总分，统一书面考试的成绩以 60% 的比例计入总分，按比例过程考核分数与书面考试成绩之和作为该门课程的实际统考成绩。

在培训过程中，学院认真做好考勤工作，集中培训时坚持每天上、下午由参训教师进行签到。迟到、缺课者将在过程考核中被扣分。从整个培训情况看，效果不错。如在 5 月 28 日组织的问卷调查中（被问卷老师教师共 110 人），"您对目前培训质量的感觉如何？" 26.4% 的教师认为"非常满意"，55.6% 的教师认为"比较满意"，15.3% 的教师认为"不太满意"，2.7% 的教师认为"非常不满意"。

4. 影响培训质量的因素及改进措施

学院认为，影响农村中小学教师素质提升工程培训质量的关键性因素主要有：培训内容的针对性和适宜性、培训形式的多样性和有效性、培训对象的主动性和参与性、培训管理的严肃性和公正性、校本培训的扎实性和协作性。

从培训内容看，培训内容是浙江省教育厅和浙江省师干训中心确定的，而且培训结束后要进行严格统考，因此，培训内容基本是按浙江省师干训中心的要求进行。当然，也可以从教师需求出发做适当的补充，至于补充的内容质量如何，是否具有较强的针对性和适宜性，就靠任课教师的水平及对培训对象的了解和熟悉程度了。

从培训形式看，主要是以教师讲，学员听为主。这种讲授式的培训形式不是很受欢迎，但从帮助教师通过考试的角度来看还是需要的。当然，培训过程中适量组织一些研讨和听课、评课活动还是需要的，但暑期组织培训，要组织听课、评课活动就没有条件了。

从培训对象看，教师们对农村中小学教师素质提升工程的重要性的认识比较到位，如在问卷调查中发现，对"您认为素质提升培训重要吗？"62.7%的教师认为"非常重要"，28.2%的教师认为"重要"。只有9.1%的教师认为"一般"和"可有可无"。表现在培训的积极性与参与度上，绝大多数教师都能够积极参加培训，培训期间确有要事而不能参加者，也能先向班主任老师请假。但也有不够自觉的，如在第一批素质提升培训中，有4个教师旷课，也有教师签到后溜走的情况。在组织研讨中，教师积极参与交流发言的较少。

从培训的管理看，学院在整个培训过程中的管理是比较严格的，也是公平公正的，今后要坚持下去。

从校本培训情况看，有的学校能组织教师开展一些听课和评课活动，组织教师做培训的有关题目，但也有的学校对教师参加素质提升不闻不问，甚至出现当最后金华市教育局缩小"新课程学科教学评价"和"新课程教学设计与案例分析"的复习范围时，学院一个又一个电话通知到学校，而学校领导却不及时告知参训教师的现象。

今后的改革措施：学院将从上述五个方面进一步做好培训工作。

（二）金华市农村中小学教师素质提升工程培训情况

金华市的农村中小学教师素质提升培训严格按浙江省教育厅"统一培养目标、统一教学计划、统一教材、统一质量标准"的要求，结合金华的实际扎实有效地开展，取得了较好的成绩。

1.基本情况

从2005年7月启动金华市素质提升工程以来，采取市县分级负责的体制，到 2007 年 7 月底，金华市已完成了三批培训，二次统考工作，进展顺利。具体情况见下表：

农村中小学教师素质提升工程实施情况统计表

类别	项目	农村小学初中应参加培训教师总数（人）	培训计划（人）			2005 开始到目前培训进展情况			
						按单科安排进程		按四门全科安排进程	
			2005 年	2006 年	2007 年	已参加培训人数（人）	已结业人数（人）	已参加培训人数（人）	已结业人数（人）
小学	师德与教师职业	12218	3519	5761	2938			8177	6666
	E 环境下的中小学学科教学研修		3519	3291	5408				
	新课程学科教学评价		3519	3291	5408				
	新课程教学设计与案例分析		3519	5761	2938				
初中	师德与教师职业	9570	2433	4363	2774			6275	4439
	E 环境下的中小学学科教学研修		2433	2721	4416				
	新课程学科教学评价		2433	2721	4416				
	新课程教学设计与案例分析		2433	4363	2774				

附：省市级骨干校长、教师送培情况表（以各年实际培训人数填报）

序号	类别	小计	2005 年	2006 年	2007 年
1	省级骨干校长		6	10	2
2	省级骨干教师		19	39	5
3	市级骨干校长		2	2	2
4	市级骨干教师			432	436

注：义乌市属三类地区，省政府没有经费补助，每个初中、小学教师 2006 年参加两门课程的培训，2007 年又参加两门课程的培训。即义乌市初中教师 2470 人，小学教师 1640 人，2006 年只参加了《师德与教师职业》《新课程教学设计与案例分析》的培训，2007 年参加《E 环境下的中小学学科教学研修》和《新课程学科教学评价》的培训。其他所有教师均同时参加四门课程的培训，并参加结业考试。

2005 年、2006 年，金华市计划组织初中教师 6796 人，小学教师 9280 人，合计 16076 人参加农村中小学教师素质提升培训，实际组织培训 14452 人，实际完成了培训计划的 89.9%。其中四门课全考人数为 11553 人（义乌市的初中、小学教师 2006 年只参加了 2 门课程的考试），四门课全合格人数为 11420 人，合格率为 98.8%。两批培训实际支出培训经费 1500 多万元，其中省补贴 726.525 万元。同时全面启动农村中小学教师素质提升工程市级骨干教师培训，基本完成了各学科的第一次培训任务，共有432 名骨干教师参加了培训。

2007 年第三批计划培训人数都按计划参加了培训。这些教师参加了 9 月 23 日举行的全省统考。

2. 主要措施

（1）成立领导小组，保障措施有力。2006 年教师培训的重中之重是农村中小学教师素质提升工程。为加强对"素质提升工程"的领导，各县（市、区）教育局成立了以教育局局长为组长的"素质提升工程"领导小组，统一部署"素质提升工程"工作。各县（市、区）积极落实省厅文件精神，相继出台素质提升相关的政策保障和规划，有的县（市、区）是通过本级人民政府的文件下发，有的县（市、区）是以教育局的文件下发，如义乌市人民政府下发了《义乌市人民政府办公室转发市教育局市财政局关于在全市中小学实施"四项工程"计划的通知》，义乌市教育局也出台了《义乌市初中小学教师素质提升工程实施意见》；东阳市下发了《东阳市人民政府办公室转发市财政局市教育局关于全市农村中小学"四项工程"实施办法的通知》；武义县教育局出台了《武义县农村中小学教师素质提升工程三年规划》和《农村中小学教师素质提升工程 2005 学年培训计划》等，这充分体现了各县（市、区）教育局对农村中小学教师素质提升工程的高度重视。

为保障素质提升工程的实施，武义县在资金紧缺的情况下，决定每年安排 75 万元用于农村中小学教师素质提升工程。义乌市政府在义政办发〔2005〕92 号文件中规定，"从 2006 年起，每年安排不低于全市教职工年工资总额的 3% 为专项基金列入教育事业费预算，专门用于师训工作，"义乌市教师素质提升工程的所有经费都由义乌市教师进修学校垫付，由义乌市教育局拨款，不向学员预收培训费，确保素质提升工程顺利进行。

（2）精心组织培训，严格过程管理。按照"统一培养目标、统一教学计划、统一教材、统一质量标准"实施农村中小学教师素质提升工程，各县市采取了一系列制度和措施确保培训的质量和水平。

磐安县在管理上做到严格要求，制定了农村素质提升工程的各项规章制度，如出勤点名制度、请假制度、后勤服务管理制度等。在教学上，精心选拔辅导教师，成立了磐安县素质提升工程培训讲师团，要求讲师团成员以高度的事业心和责任感对待素质提升工程的培训。

武义县在培训过程中，统一印发了《集中培训过程学习记录本》《校本培训过程记录本》和《校本培训教师学习笔记》，做到每次集中培训活动有记载、有评价。讲课教师根据《主讲教师职责》做到每次讲课有教案，理论与实践相结合，培训结束将课件上传教师进修校网站，并上交上课教案存档。参训教师每次听课都做到时间到位，思想到位，态度到位，听课专心，认真做笔记，有记录、有反思；认真完成作业，及时上交作业。组班教师在每一阶段结束后及时召开座谈会，听取参训教师的意见和建议。素质提升工程集中培训过程考核包括学员出勤、作业、笔记、学习态度等四个方面。在培训期间，参训教师每一次培训都有记录，组班教师对学员的作业、听课笔记、学习态度等方面内容进行考核检查，把考核结果直接反映在考勤表上，并进行统计归档。作业与听课笔记由学员自己保管，放入教师个人专业发展档案袋，以备检查。

永康市专门召开了有分管副市长参加的素质提升工程培训工作会议，会上永康市教师进修学校与各中小学签订了培训工作责任书，并要求各校长与教师签订承诺书，层层落实，责任到人，以确保培训工作的顺利进行。

浦江县制定了教学质量评估制度、教师学习情况反馈制度，跟踪了解学习效果，了解教师的成长情况。

东阳市在实施过程中，认真贯彻东阳市教育局陈绍龙局长提出的"严密组织，严格管理，严肃纪律"的要求。在培训工作开始之前，认真开好三个层面的会议：完小以上校长会议、组班班主任会议以及辅导员会议，多次进行研究，教育系统上下充分认识到实施好农村中小学教师素质提升工程是进一步巩固创新成果，实现教育可持续发展的需要；是教师提高自身素质，适应教育改革与发展的需要；也是全面提高农村劳动者素质，促进城乡协调社会和谐发展的需要；制订了"三表两册"（培训时间场地及辅导员安排表、培训考核安排表、校本培训指导表、学校考核手册、教师学习手册），为培训工作的顺利进行提供了有力保障。培训工作启动后，严格管理，决不走过场。对参训率、到课率、违规率进行实时通报；参训教师名单上桌上墙；每班配两名班主任，每两个班级配备一名巡视员（教育局局长、副局长及基教科长为总巡视员），班主任与巡视员均挂牌上岗。

（3）方法形式多样，倡导注重实效。为实施农村素质提升工程，各县市采取灵活多样的培训形式。

浦江县为了搞好农村中小学教师素质提升工程的培训和管理工作，由杭州师范大学提供资源，建立了远程教师培训教育网。在素质提升培训过程中，中小学教师在参加集中培训的同时，也可以利用网络进行学习，每个教师对学习时间和学习内容拥有了更多的自主权和选择权，同时中小学教师每个个体的学习情况也可以通过网络进行信息化管理。

兰溪市为增强培训的针对性和实效性，借助浙江师范大学强大的科研力量，重新设计开发了兰溪市中小学教师培训网，开设了"课堂实录""在线学习""博采众长""教师论坛"等栏目，让教师随时随地可以接受高水平的学习与培训。同时还借助网络，定期开展集中培训，教师在学习的过程中，如有遇到疑难问题或要发表见解，皆可采用QQ聊天的方式将问题和见解告诉培训者，由培训者直接做出解答。

东阳市采取专题讲座、观摩课及点评、小组讨论等培训方法，学员集中培训结束后，还可以通过E-mail、QQ、BBS、BLOG等网络交流工具，网上交流学习心得，交流在教育教学中遇到的难题和困惑。

义乌市农村教师素质提升培训分层次、分区域、分阶段进行。稠城街道及其他城区学校的学科培训，由特级教师上课，其他乡镇学校的学科培训由义乌市的教研员、学科带头人上课，如邀请浙江省著名的语文特级教师周一贯老师、著名的数学特级教师陈庆宪老师。培训紧密结合课堂教学实际进行，每天上午先由义乌市骨干教师上两堂示范课，然后由这两位骨干教师讲述这堂课教学设计的新理念与课后反思，再由特级教师点评他们的教学设计思想与教学行为。下午由特级教师讲授新课程教学设计新理念。

永康市实行"三个结合"，即理论培训与案例分析相结合、理论培训与示范课相结合、理论培训与课外练习相结合。一是理论培训与案例分析相结合。要求培训者改变过去满堂灌的教学方式，根据上级规定的内容，结合实际，灵活运用，理论要点讲解要具有针对性，不求点点落实，但求重点到位，把要点学习与课堂案例结合起来。二是理论培训与示范课相结合。针对"提升工程"培训的目的，为使教师更快、更好地学习新理念、新课程，掌握新技术，运用到课堂教学中，培训者认真钻研，分析教材，分专题组织骨干教师送教下乡。首先请骨干教师上观摩课，通过课堂教学来体现本次培训的新理念、新课程、操作技能、调控能力、评价艺术等，让活生生的各个教学环节显示课堂的互动与生成，目标与成效；课后进行反思，辅导员结合培训内容进行点评。教师们反映，这样的培训真实、直观，没有水分，便于理解和掌握，针对性强。在培训过程中，穿插特级教师的录像课进行观摩。光盘由永康市教师进修学校统一购置，统一发放，免费提供。这对于一些偏远山区或年龄较大的教师来说，可谓是难得的机会。参训教师不断体验、感悟，让模糊的理念变成真实的教学环节，从而提高教师的教学能力。三是理论培训与课外练习相结合。为使培训不走过场，不管是什么学科，每次培训都要求参训者认真做笔记，课后反思消化，完成作业。

（4）精心组织考试，严肃考试纪律。为加强统考的领导工作，金华市成立了以戴玲为组长、叶志林为副组长的素质提升工程统考领导小组，分别于4月和9月在东阳教师进修学校和金华教育学院召开全市统考会议，传达省厅统考精神，统一部署第一、二批农村素质提升工程培训统考工作，明确各自的职责；同时对统考工作的各个环节进行了周密的安排，并指定专人负责，逐层签订责任保证书，确保本次考试顺利进行。

各县（市、区）也分别成立了以教育局局长或副局长为组长的统考领导小组，负责统考工作。统考工作在教育厅的统一部署下，按照"四个统一"的要求进行，即"以市为单位统一组织，由县为单位统一设置考点，统一组织报名，统一组织考试"，圆满完成各项任务。虽然统考工作任务重、时间紧，涉及面广，但由于各县（市、区）对统考工作的各个环节——复习材料的发放、试卷的印发和保密、考场的安排、考试的阅卷等进行了周密的安排，并指定专人负责，逐层签订责任保证书，统考工作得以顺利进行。

（5）规范证书登记。2006年11月，金华市教育局下发了《关于农村中小学教师素质提升培训结业证书做证的有关说明》，对我市农村中小学素质提升结业证书做出了如下统一要求：

第一，以县（市、区）为单位，打印中小学教师素质提升结业验印表一式三份，一份县（市、区）教育局存档，一份县（市、区）教师进修学校存档，一份送市教育局存档。

第二，证书编号为8位数，前四位为县（市、区）代码，后四位为顺序号，从0001开始。各县（市、区）的代码为：市辖区：0701；武义县：0723；浦江县：0726；磐安县：0727；兰溪市：0781；义乌市：0782；东阳市：0783；永康市：0784。

第三，第一批素质提升培训的培训时间：开始时间根据各县（市、区）实际开始培训时间填写，结束时间为2006年5月。发证时间填2006年10月。

第四，照片栏贴免冠二寸近照，加盖县（市）教育行政部门钢印。

第五，在"培训单位盖章"处加盖培训单位（教师进修学校）公章。

3. 成效

（1）教师认可全员培训，反映良好。为检验全员培训的效果，金华市在组织全员考核的基础上，于2006年5月底对参训教师进行了一次抽样问卷调查。调查涉及全市2个区、7个县（市），共回收312份问卷，占培训教师总数的5.5%。

调查数据显示，教师们对素质提升的重要性认识比较到位，对培训的满意度良好。其中认为素质提升培训非常重要和重要的占85.1%；对培训质量感到非常满意和比较满意的占75.2%；对主讲教师感到非常满意和比较满意的占84.2%；认为授课方式非常适合和比较适合的占68.5%。

（2）通过培训，教师们更新了教育观念，掌握了一些新的教育教学技能，提高了教师的教学水平，基本实现了"三新一德"的目标。

二、义务教育阶段农村中小学教师"领雁工程"培训

根据浙江省教育厅、浙江省财政厅《关于组织实施农村中小学教师"领雁工程"的通知》（浙教计〔2008〕24 号）文件精神，在金华市教育局的领导下，学院积极实施金华市"领雁工程"骨干教师培训，2008 年完成金华市小学校长和小学语文、中小学德育、初中社会、初中数学等市级骨干教师培训共计 300 人。2009 年我市"领雁工程"骨干教师培训在征求了各县（市、区）教育局、教师进修学校以及部分一线教师意见的基础上，经金华市教育局同意，确定了分两个阶段进行培训的总体方案。第一阶段为 8 月 3 日至 21 日，进行为期三周的理论培训；第二阶段为 9 月 7 日至 10 月 21 日，其中第一周为理论培训及实践培训准备，后 4 周为实践培训，最后三天（10 月 19 日至 21 日）再集中，其中第一天为实践培训情况总结、汇报、交流，第二天为学员论文答辩，第三天即 10 月 21 日为结业典礼。

在整个培训过程中，学院坚持重点抓好培训的各个关键环节，努力提高培训质量，金华市教育局与学院领导高度重视，分管领导亲自挂帅，全力以赴，尽心尽责，取得了良好的效果，学员满意率在 98% 以上。

主要做法有：

（一）抓好组班教师队伍建设，提高组班教师的工作能力、业务水平和敬业精神

组班教师，也叫"领雁工程"学科培训项目负责人，是"领雁工程"学科骨干教师培训方案以及实践培训方案的设计者，是学科骨干教师培训的组织者和管理者，也是学科骨干教师培训的教学专家，兼有学科教学专家和学科培训专家的双重身份。在大政方针确定，学院领导重视，培训外部环境创设好的前提下，"领雁工程"某一学科骨干教师培训效果如何，关键取决于该学科组班教师的业务水平、工作能力以及敬业和创新的精神。为此，学院主要做了以下几项工作：

1. 精心挑选"领雁工程"骨干教师培训学科组班教师

2008 年、2009 年"领雁工程"的组班教师要求具有副高职称，有较强的工作能力，熟悉教师培训工作，最后由学院领导研究确定。如小学语文的

组班教师由成教分院的院长、副教授吴克强同志担任，小学数学由理工分院的院长、副教授朱仲毅同志担任，初中历史与社会学科由人文分院党支部书记、副教授任幸芳同志担任，初中英语学科由人文分院院长、副教授吴广义同志担任，中小学体育由艺体教研室主任、副教授章连娣同志担任，小学校长培训组班教师由干训处处长、副研究员阮为文同志担任。

2. 加强对组班教师的业务培训

如为了做好 2009 年的"领雁工程"市级培训工作，学院在 5 月份就召开了组班教师工作会议，组织他们学习省教育厅"领雁工程"培训的相关文件，特别是学习省教育厅编制的《浙江省农村中小学教师"领雁工程"骨干教师培训指导方案》，领会方案的精神实质。同时，总结了 2008 年"领雁工程"培训的经验与不足，部署了 2009 年金华市"领雁工程"培训的有关工作。2009 年 6 月底，学院再次召开组班教师工作会议，交流各组班教师的准备工作，部署开班前的一些具体工作。

3. 加强对组班教师的管理

学院从实际出发，制定了组班教师主要工作职责，内容有：第一，制订科学、合理、针对性强、有特色的学科培训总体方案及实践培训方案。第二，根据培训方案，编制好课程表，落实好授课老师、实践学校及实践导师。第三，做好培训期间的管理工作：（1）与培训宾馆联系，做好培训前的准备工作。（2）做好学员的报到注册、分组、成立班委等工作，分发相关资料。如有学员未按时报到，及时与学员取得联系，并将情况告知干训处。（3）仔细核对学员的个人信息，如有出入，及时与干训处联系。（4）做好外聘教师的迎来送往及课酬的支付工作。（5）做好培训期间学员的点名工作。点名册要存档。（6）做好学员就餐的核实与签名、住宿的核实与签名工作。（7）做好实践培训学校、实践导师的落实以及实践培训期间的检查工作。（8）收缴好学员应完成的各种作业。（9）安排好论文答辩的分组及实施工作。（10）处理好培训期间产生的各种问题。（11）适当组织开展一些活动，丰富学员的学习生活。（12）准确无误地做好学员结业证书照片的粘贴工作。第四，认真做好培训结束的总结工作及相关材料的整理上交工作。包括：（1）认真做好培训工作的总结。（2）及时整理好相关材料交干训处：培训方案、实践培训方案、课程表、点名册、论文答辩记录单、培训总结、学员实践培训考核表、结业鉴定表。学院根据这些职责对组班教师进行考核。

（二）重视对培训需求的调查

要搞好培训工作，提高培训的质量和效果，设计好针对性强的培训方案十分重要。虽然浙江省教育厅在进行大量调研的基础上制定了《浙江省农村中小学教师"领雁工程"骨干培训指导方案》，但因各地、各学科骨干教师实际情况不一样，因此，在实际执行浙江省教育厅方案的时候还需要根据当地的实际情况进行细化和补充，比如理论课请谁来讲，讲什么内容对学员的帮助较大等。为此，学院做了以下几项工作：

（1）为了有针对性地做好当年的教师教育工作，2009年3月24日，学院胡清副院长和干训处的同志到永康教师进修学校、武义教师进修学校进行了"领雁工程"及暑期教师继续教育方面的调研，了解了县级教师进修学校就如何进一步做好"领雁工程"培训的一些想法和建议。

（2）要求各组班教师在依据省教育厅"领雁工程"学科骨干教师培训指导性方案的基础上，与本年度参加培训的教师通过电话、交谈等方式，进行部分地征求意见，并根据学员的要求与建议做好培训方案的设计并排出理论培训课表。学院也对组班教师就理论课教师的安排提出了框架性意见，如要求专业课上课时间占理论培训时间的五分之四以上，专业课授课教师来自一线的名师应不少于三分之一，同时，要充分利用金华市特级教师、名师的资源，为"领雁工程"参训教师提供高质量、针对性强的理论培训。

（3）培训期间，由干训处组织召开培训学员座谈会，了解学员的想法和意见。如2009年8月18日晚，在金华绿墅山庄，召开了暑期"领雁工程"骨干教师培训学员座谈会，金华市教育局刘大波同志、金华教育学院分管副院长胡清同志、金华教育学院干训处阮为文处长及各学科骨干教师代表共22人参加了座谈会。为了开好这个座谈会，学院事先拟定了座谈会提纲，主要内容有：①你了解"领雁工程"吗？谈谈你对"领雁工程"的认识。②

你参加"领雁工程"培训的态度如何？是主动参加培训还是教育局或学校一定要求你来参加培训，校长支持你参加培训吗？③你认为本次"领雁工程"培训的整个安排怎样，有何好的意见和建议？④你认为本次培训中，哪些课程（专题）对你帮助较大？哪些老师的课讲得比较好，你愿意听？好在哪里，说说你的理由。又有哪些课程（专题）不够好？⑤你对本次培训的教学管理感觉如何，有何意见和建议？⑥你对本次培训在生活上的安排有何意见和建议？⑦下一阶段中有一个十分重要的实践环节的培训，你有何好的想法和建议？在座谈会上，大家围绕上述提纲畅所欲言，谈了许多有价值的体会与感想，并就实践培训环节提出了许多好的建议，如在实践培训环节，一定要挑选金华市最优秀的学科教师作为学员的实践导师等，他们对实践培训寄予了很高的期望。

（4）培训结束，认真做好培训反馈工作。在理论培训结束的时候，学院进行了无记名问卷调查，内容包括对培训的整体评价，对培训安排的意见和建设，对上课教师的意见和建议等。在实践培训结束后，还组织了实践培训情况的总结、汇报与交流。

通过上述工作，使培训方案更有针对性，培训管理更具科学性，培训效果更具实效性。

（三）加强对培训各个环节的管理

1.参训教师的到位问题

要保质保量完成浙江省教育厅规定的市、县（市、区）级骨干的培训任务，必须做到既有质又有量。而"量"的问题，即应训教师按时全程参训又需要多方面的支持与配合。早在2008年暑期，各县（市、区）就已将应参加2009年金华市级"领雁工程"培训的名单报到了金华市教育局，考虑到一年过去了，情况可能会有一些变化，于是，学院于2009年6月份将各县（市、区）应参加"领雁工程"培训的已上报的名单返给各县（市、区），请县（市、区）教育局重新核对后，将变动情况告知金华教育学院。培训通知当年于6月底放暑期前即发到参训教师手中，并给各县（市、区）教育局的相关职能部门、教师进修学校也各发了一份，让他们了解培训时间及相关情况。8月3日上午报到后，少数没有到的学员，再要求组班教师立即与其电话联系，查明原因。然后，由学院干训处汇总，与各县（市、区）教育局联系，请他们帮助督促应训骨干教师按时参加培训，到8月5日，应训教师基本到位，解决了培训的"量"的问题。

2. 培训的考勤与考核问题

根据浙江省教育厅的要求，培训考核要体现全员、全程、全面的原则，要贯穿培训的各个方面和整个过程。学院对参训学员理论培训的考核坚持考勤与完成各种反思性作业相结合，由组班教师负责。同时，根据《2009年金华市"领雁工程"骨干教师实践培训实施意见》，设计了学员实践培训的考核表，由实践导师与组班教师共同完成对学员实践培训环节的考核。

3. 培训期间学员间的交流问题

学员是培训的宝贵资源，如何充分挖掘培训学员自身的优势是培训期间一项十分重要的工作。学院通过在理论课上留出一定的时间让学员与教师进行互动；开展一些参与式、互动式的培训，组织学员进行交流、研讨；组织学员开展文娱晚会等多种活动，促进学员之间的交流。比如，在8月份的理论培训过程中，每个班均组织了与学科特点相结合的文娱晚会，既丰富了暑期培训的生活，又促进了学员之间的交流，还学到了许多学科方面的知识。

4. 培训期间的生活安排问题

为了给学员提供一个比较好的培训环境，暑期培训的五个学科的培训地点均放在金华市区宾馆里，吃、住、培训在同一个宾馆。每个宾馆的每一个房间都有宽带接入，方便学员们晚上学习与上网查资料。

5. 认真做好培训档案的管理

培训档案分两类，一类是整个培训活动的档案，主要包括："领雁工程"骨干教师培训的相关文件、各学科骨干教师培训通知、培训方案、实践培训方案、课程表、点名册、学员论文答辩记录单、各学科培训总结、学员实践培训考核表、学员结业鉴定表、学员结业验印表等。这一类档案由金华教育学院干训处负责，一年归档一次。另一类为学员培训档案，主要包括学员上交的各种作业、论文等，由组班教师负责归档。

（四）突出实践培训之重点

1.确定"领雁工程"培训的基地学校

突出实践环节的培训是"领雁工程"骨干教师培训最大的亮点。而要切实提高实践培训质量，使学员教育教学能力和水平有较大的提高主要取决于三大要素：一是要有教学水平高、热心指导和引领学员的好导师；二是要有肯学习、善思考、勤实践的好学员；三是要有各级领导以及基地学校支持的良好的外部环境。为此，金华市教育局早在 2001 年和 2002 年就公布过金华市校长培训和教师培训的实践基地，本次"领雁工程"培训因人数多，学科齐，市教育局要求各名校要认真承担、积极支持"领雁工程"实践培训工作，凡有需要到某校进行实践培训的，一律不得拒绝，并认真做好实践培训的各项工作，为做好实践培训奠定了基础。

2.规定金华市特级教师、名师有承担"领雁工程"实践培训导师的义务

金华市有 50 多位特级教师，40 多位金华市级的名师，还有许多省、市级教坛新秀。为了充分利用这些资源，金华市教育局规定，特级教师、名师必须承担"领雁工程"实践培训导师的任务，同时还规定应在市级教师培训中开设讲座，并对其进行考核，与奖励挂钩。

3.召开实践培训导师座谈会

2009 年 9 月 9 日下午，学院召开了 2009 年金华市"领雁工程"小学语文、小学数学、小学科学、中小学音乐、初中英语五个学科骨干教师教学实践培训导师座谈会。在座谈会上，金华市教育局姜焜副局长做了重要讲话。他特别提出，要办好人民满意的教育，必须努力提高教师的素质。而"领雁工程"培训是提高农村中小学骨干教师素质水平的重要手段。特别是通过教学实践环节的培训，可以有效地提高骨干教师的执教能力和水平。当教学实践培训指导教师既光荣又责任重大，他希望导师们认真做好教学实践指导工作，同时要加强对培训学员的管理，切实提高教学实践培训质量。金华教育学院分管副院长胡清部署了 2009 年"领雁工程"的有关工作，就《2009 年金华市"领雁工程"骨干教师实践培训实施意见》进行了说明。2008 年"领雁工程"实践培训优秀教学实践导师和优秀组班教师分别介绍

了如何做好教学实践培训的经验。会议还为 40 多位实践培训的导师颁发了聘书。最后，分五个学科由组班教师召集就如何做好实践培训工作与导师们一起进行了热烈的研讨。

4. 认真做好实践培训期间的检查

学院在实践培训期间，对学员提出许多任务，这些任务主要通过实践导师的引领与督促完成。同时，组班教师也深入学员的实践培训中，与学员一起听课，评课、磨课，督促学员完成好实践培训的各项任务，扎扎实实提高培训学员的课堂教学能力和水平。

（五）做好统筹培训工作

作为市级培训机构，学院不担承担了金华市级"领雁工程"骨干培训的任务，同时，还有指导、协调各县（市、区）教师培训机构完成县（市、区）级骨干培训的义务。针对 2008 年县（市）级骨干培训任务完成不够好的实际情况，学院加强了培训的统筹工作。2009 年 1 月 8 日，金华市教育局组织在金华教育学院举行了由各县（市）教师进修学校校长（副校长）或培训部主任参加的金华市"领雁工程"县（市）级骨干教师培训统筹工作会议，就加强"领雁工程"县级骨干教师培训统筹工作进行专题研讨。针对金华市有部分县（市）"领雁工程"骨干教师培训分学科人数比较少的实际，经协商确定，凡"领雁工程"县级骨干理论培训在县里培训有困难的学科，由金华教育学院统筹进行理论培训。2009 年，委托学院组织理论培训的县级"领雁工程"学科骨干有 247 人。

3 月 31 日，金华市教育局组织的金华市 2009 年师干训工作会议在金华教育学院召开，会上就 2009 年"领雁工程"省、市、县骨干培训的有关工作进行了部署，特别就"领雁工程"统筹培训问题进行了重点研究，从而保证了金华市当年县（市、区）级"领雁工程"骨干教师培训 100％地完成省教育厅下达的任务。

附：1. 2009 年金华市"领雁工程"骨干教师实践培训实施意见

2. 群雁齐飞　相得益彰

3. 2008 年金华市"领雁工程"社会学科骨干教师培训班回归教学实践反馈

2009 年金华市"领雁工程"骨干教师实践培训实施意见

一、教学实践培训的宗旨与目标

"领雁工程"骨干教师实践培训环节,主要是利用我市名师、名校等优质教育资源,学员通过实践培训,在导师引领下,对新课程各个教学环节进行研究、分析、锤炼及反思,进一步提高课堂教学执行力和提升课堂教学研究能力。在实践过程中,观摩指导教师的课堂教学,学习导师课堂教学艺术和教育管理艺术;设计诊断教学教案,并根据诊断修改教学设计,上好诊断课;在同伴诊断和自我诊断的基础上,修改教学设计,上好提高课,撰写教学反思。

二、实践内容和具体要求

教学实践培训包括以下四项内容:

(一)教学观摩

教学观摩活动:让学员深入省、市、县(市、区)名校观摩名教师示范课,学习先进教育理念,开展理论指导实践的研讨活动。

具体要求:

1. 听课:每个学员要按照计划在实践学校听 20 节导师的课或者其他教师的课,仔细观察、认真记录、比较反思、发现问题、总结经验。

2. 评课:每组学员围绕观摩课进行研讨,分析评价其内在的教育思想、先进理念,采用的教育方法,教学设计和实施过程,做好记录。

3. 教学观摩结束后要上交以下材料:学员听课记录,小组研讨发言记录和图片资料等,充实学员档案备用。

(二)教学诊断

学员在教学实践基地学校,结合所学理论知识和教学实践阶段的观摩学习体会，按照一人同课多轮模式进行诊断。其流程：设计教案——学员上第一次课（诊断课）、导师和同伴听课诊断——导师指导学员进行诊断性说课、评课——导师指导学员修改教案——学员上第二次课（提高课）、导师和同伴听课——导师指导学员进行教学反思和总结——撰写课堂教学诊断分析报告。

也可以采取"同课异构"模式进行教学诊断，面对同一教材，不同学员进行不同设计构想，然后施教，大家在比较中互相学习，扬长避短，共同提高。其流程一般为：定课——研究教材——学生情况及资源分析——撰写教案——组内研讨教案——上课——比较性反思——撰写课堂教学诊断分析报告。

具体要求：

1.上课：在实践学校指导老师的指导下，上诊断课。

2.诊断：每个小组成员集中开研讨课，请导师和学员"会诊"，发现问题，认识不足和自己日后改进、发展的方向，进一步修改教案，学员上第二次课（提高课）；或者采取"同课异构"模式进行教学诊断。

3.总结：每个小组在提高课后进行说课、评课等活动，完善教学思想和手段，撰写自我课堂教学诊断分析报告和同伴课堂教学诊断分析报告。

4.教学诊断阶段结束后要上交以下材料：在实践学校教学的教案，自我课堂教学诊断分析报告1篇；同伴课堂教学诊断分析报告1篇。

（三）教学提高

1.学员在所在实践学校上一节体现新课程理念的公开课，展示教学成果，自我感悟、评价与讨论相结合，也可与实践学校教师交流关于教师行为方面的心得。

2.研读一本教育理论专著，做好读书笔记。

3.教学实践阶段结束后要上交以下材料：学员公开课的教案和课件，一篇读书笔记。

（四）反思总结

教学反思是一个持续不断、永无止境的发展性活动。反思和总结重在教师对自己的教学观念、教学实践进行回顾和批判性分析，将先前的经验知识、技能、观念进行反思的同时，评估教育行为，使教师超越过去，发现潜能。

具体操作：

1. 反思：结合所学的教育学、心理学及新课程理论，回顾进名校、跟名师与自我教育实践活动，进行教学观念反思、教学思路整理、教学经验总结，对自己的教育行为进行梳理和研究，撰写一篇培训体会文章。

2. 交流：挑选培训学员若干，交流关于培训的心得。

3. 设计校本培训活动方案，发挥引领示范作用。

三、教学实践培训阶段学员守则

1. 热爱教育事业，热爱学生，严肃对待教育实践工作，认真完成各项实践任务；

2. 刻苦钻研教材，努力实践，不断提高教学质量；

3. 遵纪守法，严守实践培训各项规定和实践学校的规章制度；

4. 服从领导，尊重教师，虚心接受指导；

5. 团结互助，取长补短，共同进步；

6. 实践期间不得擅自离开实践岗位，因特殊原因请假，应由本人提出书面申请，经批准后有效。因事请假1天以内须出具任职学校证明，培训机构领导审核批准；事假1天以上出具任职学校证明，县（市、区）教育局人事科审核批准；因病请假须出具区级及以上医院证明，审核批准方式同上。病事假累计超过5天（不含5天）以上者，取消培训资格，并通报所任职学校及所在县（市、区）教育局。

四、实践导师主要职责

1. 为学员上好示范课；

2. 认真指导学员撰写课堂教学教案，指导学员上好诊断课和公开课；

3. 向学员传授先进的教育教学经验，学员上课要随堂听课，做好记录，课后帮助学员进行反思，提出有针对性的建议；

4. 提供有利于提高学员专业素养的实践活动机会；

5. 本着认真负责的态度，在教学实践结束后，对学员进行一次综合评价。

五、实践培训考核与总结

1. 实践培训结束时，每位学员应认真总结整个实践过程，撰写书面总结。实践培训结束后要进行交流。

2. 做好对参训学员的考核。见下表：

金华市"领雁工程"教学实践培训学员考核表
（实践指导教师填写并签名）

姓名：　　　　　　　　　教学实践培训指导教师：

培训班名称：　　　　　　实践学校（盖章）：

基本要求	分值	实际情况	考核得分
按实践学校作息时间要求全勤跟随指导教师参与教学、教研等相关活动。若有特殊情况必须请假，且不得超过规定期限。	16分	请假时间___天；迟到早退___次。 （请假要附相关证明） （缺课1天扣2分，迟到早退3次计缺课1天）	
以诊断提高为目的的公开课2节，汇报课1节。	28分	以诊断提高为目的的公开课___节，上汇报课___节。 （汇报课1节6分，其他课1节计3分）	
听指导教师或其他相关教师上课10节以上，并做好相关听课记录，及时撰写听课心得。		听课___节。 （每听1节计1分，满分12分）	
参与教研活动2次以上，要求主题、内容、程序、总结反思等记录完整		参与教研活动___次（满分4分）	
学生学习难点及错误材料收集与分析	8分	材料收集与分析，每篇4分（满分8分）	
研究、帮助学困生情况，有行动、记录、反思	8分	学困生情况分析及反思，每篇4分（满分8分）	
实践成果完成"五个一" （要求1份教学设计、1份教学案例、1份评课记录、1份教学反思或实践体会、1份课堂教学自我诊断分析报告）	8分	教学设计指导师意见：	
	8分	教学案例指导师意见：	
	8分	评课记录指导师意见：	
	8分	教学反思或实践体会___份	
	8分	课堂教学自我诊断分析报告___份	
综合考核成绩：_____分（满分为100分）		导师签名：_____ 　　　　　　年　　月　　日	

注：学员教学实践培训期间的相关资料、作业等应交1份给培训机构。

3. 实践培训环节应上交的材料：见各学科实践培训计划。

金华教育学院

2009 年 9 月 8 日

群雁齐飞　相得益彰
——"领雁工程"受训学员的后续发展侧记

培训结业后，金华市首届领雁工程初中历史与社会学科的兰溪市选派的受训学员，在兰溪市教研室的牵头组织下，分学区开展了培训汇报会，并同与会老师进行了教育教学观念的交流与探讨，开始把培训成果反哺农村，同时实现自我实践能力的提升。

一、成果展示

分学区上了一堂公开课，展示了培训及上课实践中的各种教学案例与教案，介绍了课题研究与个人成长发展的规划。

公开课上，受训学员分别拿出自己的绝活，把培训中学到的先进教育教学经验充分运用到课堂上，获得了听课老师与市教研员的一致好评。通过经验交流会，受训学员介绍了本堂公开课的设计理念，比较了多种设计思路，使听课老师豁然开朗、受益匪浅。

二、反哺农村

1. 以受训学员本校为基地，组织初中历史与社会学科的全体老师每周一次参加受训学员的公开课，听取受训学员的教学设计理念，介绍教学实践中的经验与得失，共同进行教学反思，积累教学素材与经验。

2. 受训学员每周三次走进其他老师的课堂，汲取其他老师的经验，帮助同行分析教学中的得失。

3. 受训学员与本校初中历史与社会学科老师结对帮扶，帮助结对老师制定个人专业成长的发展规划，明确每个阶段的帮扶目标，加强课堂指导、课题研究，取得了可喜的成果。如马涧初中两名初中历史与社会的年轻教师在受训学员舒鹏程老师的指导下，参加新生代老师优质课评比活动，均获得了兰溪市优质课二等奖、说课二等奖、论文评比兰溪市一等奖，同时申报成功了金华市教研系统的课题一个。其中有一位受帮扶的老师还获得了金华市2009年创新试题大赛一等奖、金华市农村初中社会思品青年教师技能大比武一等奖。

三、自身的后续发展

"领雁工程"结业后，兰溪市的四位骨干老师不仅帮助同行积极提升素质，取得意想不到的效果，自己的专业提升也十分迅速。

1. 受训的骨干老师之间建立了网络教研平台。大家通过QQ等经常相互交流个人成长及帮扶结对的得与失。

2. 受训的骨干老师加强了与城区骨干老师，特别是自己受训时的指导老师及其教研组的联系，经常与他们交流教学得失，继续听从他们的指导，使自己的教育教学理念与城区骨干老师的先进教育教学理念始终保持相同的步伐。

3. 经过努力，舒鹏程老师获得了兰溪市优质课评比一等奖、金华市论文评比一等奖，同时还参与编写了全兰溪市的单元练习卷，参与编写了金华市部分单元练习卷，另有多篇论文在《教学月刊》等国家正式刊物上发表。受训老师徐卫飞也获得了兰溪市第七届教坛新秀第一名，潘小燕老师获得了兰溪市优质课一等奖。

2009 年 9 月 15 日

2008 年金华市"领雁工程"社会学科骨干教师培训班回归教学实践反馈

2008 年金华市社会学科骨干教师培训班学员回归教学实践后，把所学理论、经验与教学实践相结合，深入教学第一线（绝大多数学员任教毕业班），努力提高自己的业务水平，担负农村学校社会学科的重任，起到领头雁的作用。

第一、课堂教学水平明显提高

学员回归教学实践后，深入教学第一线，运用现代教学手段，采用先进的教学方法，构建适合农村学生的教学模式，在课堂教学上起到领头雁的作用。特别是在 2009 年金华市农村初中社会思品青年教师技能比武活动中：

一、历史与社会学科

一等奖 徐卫飞（兰溪市女埠初中）

二等奖 罗志宏（婺城区罗埠初中）

三等奖 戴春兰（金东区仙桥初中）

二、思想品德学科

二等奖 周兴江（义乌市后宅中学）

二等奖 雷剑锋（婺城区汤溪初中）

在 2009 年金华市初中社会思品创新试题设计评比中：楼建平（义乌市佛堂镇中）荣获二等奖。

第二、撰写教学论文水平有了很大提高

学员回归教学实践后，对教学实践能进行反思。在反思的基础上，不断提高自己的业务水平，同时，撰写教学论文水平不断提高，起到领头雁的作用。

在 2009 年金华市初中优秀教学论文、教学案例评比中：

初中历史与社会教学论文

一等奖

雷剑锋（婺城区汤溪初中）：《乡土知识在〈历史与社会〉教学中的渗透》

舒鹏程（兰溪市马涧初中）：《融合多学科知识，增强教学实效性》

戴春兰（金东区仙桥初中）：《同课异构——异彩纷呈，灵活交融》

初中思想品德教学论文

一等奖

周兴江（义乌市后宅中学）：《以科学发展观为指导，提高思想

品德课教学有效性》

三等奖

罗志宏（金华市罗埠初中）：《突破误区，优化思维，培养习惯，传授方法》

第三、学员之间不断交流，取长补短，共同提高

学员回归教学实践后，大多数学员任教毕业班，学员之间不断交流中考信息、中考资料；同时相互之间不断探讨教学中的问题。这样不仅对学员自身业务水平的提高有很大帮助，而且对整个农村教学质量的提高有很大帮助。

2009 年 9 月 15 日

三、金华市高中教师及市区初中、小学教师的网络培训

在"十一五"（2006 年至 2010 年）的教师培训中，除了浙江省教育厅统一要求的浙江省农村中小学教师"素质提升工程"和浙江省农村中小学骨干教师"领雁工程"培训以外，学院还承担了金华市高中教师以及金华市区初中、小学教师的培训工作。对这些教师的全员培训，按照市教育局关于教师继续教育以"网络培训为主、精品培训为辅"的要求，学院从 2007 年开始实施中小学教师暑期全员继续教育网上培训，具体的培训情况和做法如下：

（一）培训的基本情况

在 2007 年 3 月的金华市师干训工作会议上，金华市教育局戴玲副局长提出了今后中小学教师继续教育坚持以"网络培训为主，精品培训为辅"的总体思路，于是，学院积极准备，多次与杭州师范大学继续教育学院商谈，利用杭州师范大学继续教育学院丰富的网络培训资源，从 2007 年开始组织网络培训。在 2007 年暑期开设了高中语文、数学、物理、化学、政治、英语、历史、地理、生物、信息技术、音乐、体育、美术等 13 门课程的网络培训，当年共有约 3300 名高中教师参加了网络培训。2008 年，学院将网络培训的对象扩展到市区的初中、小学教师。开设的课程除高中必修的 13 门课程外，还增设了初中语文、初中数学、初中英语、初中科学、初中社

会、小学语文、小学数学、中小学音乐、中小学美术、中小学体育、中小学综合等11门课程，共有7200余人次参加了培训。2009至2010年继续开展高中及市区初中、小学教师的网络培训，不过，从2009年开始，根据浙江省教育厅的有关培训分工的精神，县（市）的高中教师可以由县里自己承担培训，不统一规定到市一级培训机构参加培训。2009年培训的课程与2008年大体相同。

（二）培训的具体做法

根据金华市教育局的要求，中小学教师继续教育网络培训由金华教育学院和金华市教育信息技术中心合作承担，其中金华教育学院负责网络培训的整体设计，培训对象以及培训课程的确定，培训课程资源的开发，学员培训作业的批改，各校网络培训管理员培训，网络培训的管理，接收学员反馈，学员在线问题解答，学分的确认、打印与发放，学员培训费用收缴等工作。金华市信息技术中心负责管理平台设计开发，公共视频资源的开发及上传，网络维护，各校网络培训管理员操作技术培训等工作。

要做好网络培训工作，提高网络培训质量，需要做好以下五个方面的工作：

1.开发出简洁、实用、高效的中小学教师继续教育网络平台

该项工作由金华市信息技术中心委托杭州的一家软件开发公司开发。为了使管理平台符合培训管理的需要，通过召开由信息技术中心、教育学院、参训学校教师代表参加的网络平台管理系统开发研讨会，完善了管理系统的功能，并于2007年6月20日前基本完成管理平台的研发，2007年暑期开始使用。2008年上半年，又召开了负责学科辅导的教师工作会议，总结2007年暑期网络培训工作，听取了他们在辅导及管理实践中发现的问题以及改进的意见和建议。然后与软件开发公司协商，改进培训的管理系统，2008年版的网络培训平台较2007年版有了较大的改进。系统使用情况良好。

2.设计好网络培训的整体框架

为了把网络培训平台做成教师学习的资源库，满足教师的多样化需求，

学院按两个板块来设计：

第一板块为公共视频板块，为共享资源部分。这些资源是免费向教师开放的，以视频为主。主要有专家讲学的视频录像，特级教师、名师的课堂实录，学科教学的专题讲座录像，富有教育意义的电影、电视，国外引进的电影大片等。学院的设想是，只要学科教师进入到公共视频板块，总可以找到他所需要的东西。公共板块里面有许多"金子"，只要教师认真去"淘"，就一定能"淘"到"真金"。为此，这个板块的内容应是不断更新的，由信息技术中心安排专人负责。

第二板块为专题课程资源板块。对于这部分资源的学习是要收费的，并有一定的作业要求，完成作业后，成绩在合格以上，则给予相应的继续教育学分。这个板块的资源是按照学科划分的。每个学科有3—4个专题的课程资源。每个专题的课程资源由五个部分组成：2万字以上的电子讲稿（文本），一个包含专题学习要求的 PPT 文件，约3—4小时完成的作业，与专题相关的研究成果的参考文献，专题要求及学习简介。

3.加强课程资源建设

2007年网络培训从开始提出到最后实施只有3个月的时间，而高中网络培训课程资源质量要求高、难度大。为此，学院主要依托杭州师范大学，借用他们的优质课程资源为学院所用，效果良好。杭州师范大学是教育部网络培训课程资源建设中心的协作学校，而且他们也承担着杭州市中小学教师的继续教育网络培训任务。他们的培训对象和学院的培训对象是一致的，实际水平与学院的培训对象的实际水平也相差不多，因此，他们具有针对性的培训资源对学院来说也具有较强的针对性，近两年的实践也证明了这一点。

4.建立网络培训管理网络，加强对学校管理员的技术指导

网络培训量大面广，为此，学院建设了三级培训管理网络。第一级：网络培训总管理员，由金华教育学院干训处同志负责。第二级：学科管理员（即每个学科的辅导教师），由金华教育学院的专业课教师担任，具体负责本学科的网络培训有关工作，指导学员在线学习，解答学员在学习中的问题，评定学员的作业成绩等。第三级：学校管理员，由各校负责继续教育又有信

息技术特长的教师担任，具体负责本校教师继续教育学习报名、教师个人信息的审核等，做好教师与培训机构之间的上情下达和下情上传工作。

为了明确职责，学院召开了学科辅导教师工作会议，组织了学科辅导教师的操作技术培训；分高中、初中和小学召开了学校管理员工作会议，组织他们进行网络培训的操作技术培训，然后由学校管理员负责对所在学校教师网络培训的技术进行辅导培训；开通咨询电话，凡网络培训操作技术问题由金华市信息技术中心负责解答，学科学习中的问题由教育学院的学科辅导教师负责解答。

5.加强对学员学习的监控管理，促进参训教师自主学习

网络培训的学习在很大程度上是一种自主的学习。但是也有许多教师缺乏自主学习的动力，他们参加网络培训的目的就只是为了拿到继续教育的学分，而不考虑通过网络培训来真正提高自己的业务水平，因此，就出现了全抄同行的作业，多人作业完全相同，一字不差或全从网上下载，连网络格式也没有整理的情况。为此，学院只有通过加强对学员的管理来督促学员认真学习，主要通过以下措施实现对学员的学习管理：第一，每一个专题资源包中都有一个学习要求，即对学员的学习提出具体的要求，让学员明白要拿到本专题的必修学分，就必须按要求去做，认真学习与思考，而且将其放在学员进入课程资源学习的前面。第二，学院对学科辅导老师提出了要求：（1）提高对网络培训作业批改重要性的认识。网络培训作业批改是网络培训工作的重要环节，是检验学员学习质量的重要手段，是确保学员认真学习网络培训课程内容的有效保障，各辅导教师务必认真对待并按时完成批改任务。（2）对辅导的专题内容要有比较深入的研究，至少对所辅导的专题内容要相当熟悉，能够解答学员（参训教师）在学习过程中提出的各种问题。（3）树立为学员服务的意识，尽量做好服务工作。做到学员有问必答，有疑必解。（4）要认真批改学员每一个专题的作业。先将学员上传的作业下载到自己的电脑上，然后认真批阅，将学员作业成绩按优、良、及格、不及格四档进行登记，发现学员学习态度不认真，40％以上抄袭者，可以判为不及格，并通过留言板留言的形式告之学员作业不及格的理由，要求学员重

学、重做作业。（5）将学员的成绩用 Excel 表进行登记，要求按学员学号从小到大排列，并将批改好的作业成绩及时录入系统之中。（6）作业批改好后，要认真做好总结。总结材料内容包括：本学科基本情况、总体评价、存在的主要问题、改进的意见和建议等。学院将适时组织对辅导教师的作业批改情况进行检查。

（三）几点思考

经过几年的实践，并通过与一些高中校长、参训教师的接触、交流以及与学院各学科班主任的交谈，事实证明，全员性教师继续教育实行网络培训是可行的、有效的，也是成功的。

1. 开展网络培训的优点及存在的问题

根据几年的实践，网络培训有如下优势：

（1）解决了工学矛盾。往年通过面授形式进行的全员性继续教育，时间一般安排在 7 月 10 日—8 月 20 日之间，但许多学校暑期要安排学生补课、集体外出旅游、开中层干部会议等事务，许多学科教师无法在学院安排的时间段（3 天半）内前来学习，工学矛盾非常突出。现在上网学习，老师们可以根据自己的实际情况在办公室、在家里进行学习，可以在白天或晚上，随时下载研读学习内容，非常机动、方便，完全不影响工作和家庭生活。

（2）提高了培训质量。往年安排暑期继续教育工作时，不少系主任都颇犯难。一方面学员们对继续教育的要求不断提高，希望来班里上课的主讲教师能真正地讲出点东西，让他们有收获；另一方面，学院受财力限制，难以花大价钱请各学科的"大腕"登台，学院自己的教师也较少有机会外出进修、充电，继续教育的授课质量难以让学员们完全满意。

改为网络培训后，在遴选教学内容时，各学科的班主任都有较大的选择余地，可以从众多名家大师的音像、文字资料中做出比较，选择真正有新意的、居于学科前沿的、切合参训教师实际的内容挂在网上，让他们"近距离"接触感受大师的思想，提高学习的效果。

（3）节省了学员开支。开展网上培训，学员们只需缴纳培训费。培训

第三章　教师培训：助推教师专业成长

费只要130元钱，各参训学校推荐一人，统一收齐汇过来即可。先前传统面授的方式，学员们除了要交纳培训费外，还要支付车旅费、餐费，有些较远地方的学员，如磐安、浦江等地的一些教师来回奔波一次，光路费就近百元，再加上住宿费和餐费等，一次培训至少也要花四五百元，网络培训则使教师节省了吃住行的开支。

（4）缓解了工作压力。暑期培训是一年中最热的时候，也是用电量最大的时候，电网负荷过大，常常出现一些停电、断电事故，对教学影响极大。即使不停电，也常因电压过低，空调无法正常运转，电脑频繁重启，教学无法正常进行。由于高温难耐，有些学员的情绪波动很大，脾气火爆，有时沟通不畅就会有过激言行。培训结束后，为早点拿到学分，一些学员守在工作人员旁，不断催促，相关工作人员压力极大。利用网络培训，所有这些问题都迎刃而解，学分打印工作也可从容进行。

但是，网络培训也存在一些问题，主要表现在：

（1）师生难以互动。网络培训是学员下载网站音像、文字材料学习，通过完成作业的形式来表明学习的成效。这样的学习是单向的，只能是教师对学员的灌输、说教。学员在学习过程中遇到疑问、困惑时，无法像在传统的课堂面授一样，即时得到解答，传统课堂教学中的讨论、争论也无从谈起。同时，教学过程中师生之间也难以有情感沟通交流。

（2）网络自身也存在一些不足。由于设计上的原因，网络平台操作还不顺畅，如使用登分系统就比较麻烦，许多班主任都颇有微词。还有，学习平台运行过程中，曾遭遇黑客攻击，一度瘫痪，有几天无法正常下载上传，导致学员们急不可耐。此外，首次使用网络培训，一些学员还不能熟练使用：有的申请多个账号，有的账号、密码遗忘，无法上网学习；有的同一作业多次上传，班主任老师苦不堪言。

2. 进一步提高网络培训质量的几点措施

（1）必须大力加强网络培训的课程资源建设，努力提高课程资源的质量。

网络培训的最本质特征是利用网络进行自主学习，而要真正实现有效的自主学习需要两个条件：一是教师真的想学点东西，二是有好的东西可供教师学习。这里的"好的东西"就是优质的课程资源。那么，什么样的资源是优质的课程资源呢？笔者认为，要体现"三性"：时代性，即提供给教师网络自主学习的资源应是与时代相吻合的，比如当前全面推进素质教育，深入开展新一轮基础教育的课程改革是时代的主题，为此，培训资源应体现实施素质教育的精神，应符合新一轮基础教育课程改革的理念；针对性，即培训的课程资源内容应是一线教师们所关注的，教育教学中经常遇到的，需要进一步探讨的问题；实用性，即通过对网络培训课程的学习，对教师教学水平和能力的提高有较大的帮助，或者能提供符合时代要求的新的观念，或者能提高教师的专业技能。

那么，提高优质课程资源建设的途径有哪些？笔者认为，可以坚持"四条腿"走路：

第一，从事教师继续教育培训工作的专任教师开发课程资源。第二，向大学购买。第三，与兄弟单位合作开发课程资源。包括两个方面：一方面与各县（市）教师进修学习合作，开发课程资源，实现优势互补，资源共享；另一方面，与在教师发展方面有课题研究的学校进行合作，将教师专业发展方面的课题研究成果编制成课程资源，供教师网络培训之用。第四，委托特级教师、名师、名校长开发课程资源。

（2）不断丰富网络资源，提高网络培训的吸引力。

网络培训不能仅限于学员为了评职称而拿几个学分，要真正让教师们觉得我们的网络培训平台是一个有料的自主学习的平台。全体中小学教师，不管是需要继续教育学分还是不需要继续教育学分的教师，都愿意经常上继续教育平台去看一看，去找一找自己所需要的东西。因此，要不断丰富共享资源内容，要不断积累，不断更新，不断有教师们所需要的东西挂在网络平台上。

（3）必须进一步加强对网络培训学习的管理与监控。

一方面要加强对参训学员的教育，提高对网络培训的认识，真正通过网络培训促进教师的专业发展，提高教师教育教学的能力和水平；另一方面，要不断探索加强对培训学员学习管理与监控的有效途径，让那些不愿意学习的教师学点东西。

四、2011 年至 2015 年的"教师自主选课"培训

自从 2011 年 7 月 1 日正式实施《浙江省中小学教师专业发展培训若干规定》(浙教师〔2010〕175 号)(以下简称《若干规定》)以后,浙江省中小学教师专业发展培训进入了一个崭新的阶段。浙江省教育厅在《关于印发〈浙江省中小学教师专业发展培训若干规定(试行)〉的通知》中指出:"加强教师专业发展培训,是积极推进教育改革,促进教育科学和谐发展的一项重要举措;是深入实施素质教育,全面提高教育质量的必然要求;也是广大教师加快专业发展、实现自身价值的内在需求和迫切愿望。《若干规定》坚持以促进教师专业发展为本,突出强调教师培训必须充分体现教师的自主选择性,调动教师参与培训的积极性;充分体现教师培训机构的竞争性,提高教师培训的针对性和有效性。实施《若干规定》是对教师培训工作的重大改革。各市、县(市、区)教育行政部门要深刻认识加强教师培训工作的重要性和紧迫性,高度重视,统筹规划,按照《若干规定》的要求,加强调查研究,抓紧制订和完善各项配套政策措施,并结合当地实际,制订具体实施细则。要广泛开展贯彻实施《若干规定》的学习宣传工作,组织教育行政部门干部、中小学校长和教师、教师培训机构人员,认真学习、全面理解《若干规定》的基本精神和主要内容,提高正确执行《若干规定》的能力和水平。"《若干规定》对中小学教师培训的原则、培训安排与选择、培训机构与培训项目、经费保障、组织管理与考核等问题都做出了具体的规定,比如要求所有的中小学教师每五年参加不少于 360 学时的培训,其中 90 学时及以上的培训至少一次。参训教师每年有两次机会进行选课,所有的培训进行信息化管理等,其培训制度改革的核心思想是"培训机构开放竞争,教师自主选择培训课程",大大激发了中小学教师参训的积极性,变"要我学"为"我要学"。

金华教育学院作为市级培训机构,认真贯彻省教育厅的文件精神,充分发挥教师培养培训工作母体的作用,在项目开发、组织培训、质量监控、统筹协调等方面做出了应有的贡献。

（一）基本情况

与 2007 年至 2010 年培训思路不同，从 2011 年 7 月 1 日开始，教师培训在形式上坚持以集中短期培训为主，以网络培训为辅的方针。同时，将参加培训的选择权还给教师，坚持"培训机构开放竞争，参训教师自主选课"的原则。学院要求各项目负责人按照《若干规定》和《浙江省中小学教师专业发展培训指南》的精神和要求，在认真深入调查研究教师的需求的基础上，直面当前中小学教育教学中的难点、热点和急需解决的问题，精心研制开发出能满足教师多样化需求的培训项目方案，并积极探索行之有效的培训方法，努力提高培训的针对性、实践性和有效性。2011 年学院开发了 21 个培训项目，参训人数为 8500 人次。2012 年开发了 142 个项目，参训人数为 11400 人次。2013 年开发了 125 个项目，参训人数为 10100 人次。2014 年开发了 229 个项目，参训人数为 14000 人次。2015 年开发了 460 个项目，参训人数为 23000 余人次。

近年来，学院坚持以提高培训质量为中心和最强音，按照"适应形势、统筹规划、改革创新、按需施训、注重实效"的原则，强化培训管理、拓宽培训途径、优化培训内容，创新培训模式，提高培训质量，努力构建"全覆盖""高效益""开放式"的中小学教师教育新体系，精心打造精品培训项目，积极宣传并落实"关注中小学""融入中小学""研究中小学""引领中小学"的理念，助力全市每一位教育工作者专业快速成长，进一步提升金华教育学院在教育系统中的作用和地位，打造金华教育系统的"黄埔军校"，强力助推金华乃至浙江教育的深化改革和持续发展，实现学院师干训和中小学改革的互动共赢。

（二）主要做法

1. 签署合作协议，紧密联系学校

学院先后与金华市金东区教育局、经济技术开发区教育局签署了教育改革和发展战略合作协议，与金华五中、金师附小签订了教师专业发展合作协议，确定了金华市外国语学校、金师附小、东苑小学、海朵幼儿园等十几家单位为"走进浙中名校"项目学校，与金华电大、金华交通技师学院、金华一中、金华市秋滨小学、金东区孝顺小学等 20 余所学校一起打造了"助推教改，送培入校"的培训项目。

2. 坚持全院战略，提升培训定位

在金华教育学院，每一位党委委员都有自己联系的培训项目，上下联动，全员参与。党委书记何宝钢出席了他联系的培训项目的开班仪式，并为校长资格班学员上课。同时，在新制定的金华教育学院高校教师专业技术职务评聘制度中设立了"培训为主型"的教师类别，明确了"参与培训的工作量""省培项目相当于省级科研项目""每年 100 课时的中小学实践"等政策；在绩效考核方案中，更是明确了"培训班授课课时双倍计算"的规定；学院还为项目负责人提供科研经费。

3. 重视示范引领，全面保障质量

教师培训质量的监管是教育行政部门的重要工作，金华市教育局在建立监控中心、加强监管的同时提出了要发掘、表彰一批教师培训精品项目和一批教师培训优秀教师的措施，希望通过榜样引领提升金华市中小学教师培训的质量。典型示范引领，既是市教育局的要求，也是金华教育学院质量保障的重要策略。2014 年，学院评选了"十佳培训师"和"十佳精品培训项目"，让长期为培训工作付出的教师获得了来自组织的精神肯定。同时，优秀培训项目研发经验分享已成为学院年度的常规工作，吴克强副教授设计的"教师形象的塑造与维护"项目在省进修学校培训班上交流。

4. 强化队伍建设，提升保障底气

事在人为，提高项目负责人（班主任）、培训教师、后勤支持系统等三支队伍的水平和能力，是学院的工作重点。每学期一次的项目申报工作部署会、项目研发研讨会，每年一次的培训工作经验交流会、项目负责人培训活动，成为学院打造项目负责人团队的核心载体；学院建立了客座、兼职教授的管理制度，首批聘请了来自教育行政、高校、研究机构及中小学一线的12 位客座教授、55 位兼职教授，壮大了学院教师培训的专兼职教师队伍；学院定期召开食堂工作人员、保卫工作人员、后勤工作人员会议，提升后勤服务人员队伍的整体素质，做好培训工作的后勤保障。

5. 创新培训模式，实现跨越发展

根据学校、学员需求，学院设计"助推教改，送培入校"培训模式；学院精选知名学校的教育教学特色成果，设计"走进浙中名校"系列项目，与全省同行分享教育新理念新成果；学院支持项目负责人围绕金华教育的优势领域开展面向全省的培训，已初步形成课堂技术改进系列、信息技术应用能力提升系列、班主任专业发展、教师形象的塑造与维护、家庭教育实践与指导、时尚健身系列等品牌项目。

（三）主要经验

1. 把握政策，坚持正确方向

教师培训是政府行为。做好教师培训工作，一定要吃透政策。要认真学习国务院、教育部、省教育厅的有关中小学教育教学改革、教师队伍建设的文件政策，领会其精神实质。

教师培训的目的是要实现"两个促进"：促进教师的专业成长和发展，促进学校的发展，因此，金华市的培训工作一直坚持以学员为本的理念，坚持"关注中小学、融入中小学、研究中小学、引领中小学"的价值导向。

2. 领导重视，实施全院战略

要做好培训工作，领导重视是前提，全院参与有力量。金华教育学院坚持党委委员联系处室（分院）培训工作制度，每位党委委员都要出席所联系部门的培训项目的开班典礼；坚持学院领导给培训班学员上课的制度，学院的党委书记、院长、副院长、纪检书记等都结合自己的专业给相关的培训班学员作过讲座；坚持在新制定的金华教育学院高校教师专业技术职务评聘制度中设立相关职务类别制度；坚持将教师培训工作量及业绩纳入到学院绩效考核的制度；鼓励全院教职工介入培训工作，调动一切可以调动的力量做好培训工作，明确了后勤处、保卫处、财务室、图书馆等机构在培训中应承担的工作职责与任务，真正实施了全院战略。

3. 加强管理，全面保障质量

金华教育学院对培训工作实行三级管理：项目负责人对培训班的管理，干训处对培训班每日的巡查管理以及对培训过程、经费支出、平台操作等方方面面的督查管理，金华教育学院分管院长对全院培训工作的宏观管理与引领。

第三节　骨干教师培训

骨干教师是师德高尚、业务精良、学识广博的学科带头人乃至名师名家，他们具有丰富的教学经验、先进的教学理念、掌握一定的现代信息技术教育手段、拥有深厚的教育理论功底。他们是学校教育、教学的宝贵资源，是推动学校发展的重要动力。加强对中小学骨干教师的培养和培训是教师队伍建设工作中的重中之重，也是各级教育行政部门的重要工作。作为金华市级的培训机构，2006 年至 2015 年的十年来，学院从两个层面，即从金华市名师培养人选、名师及特级教师层面和金华市一般学科骨干教师层面，主动积极抓好金华市中小学骨干教师的培训工作，努力提高骨干教师培训质量，为促进金华市骨干教师的成长与专业发展做出了应有的贡献。

一、金华市名师培养人选、名师及特级教师培训

金华市的名师培养人选、名师及特级教师的培训是与金华市的名校长培养人选、名校长培训结合在一起的，统称金华市名师名校长培养人选及名师名校长培训，由金华市政府拨出专款，金华市教育局直接抓，金华教育学院负责组织实施。

（一）培训目标

通过对金华市名师培养人选、名师以及特级教师的培训，进一步提高他们的职业素养和教育教学管理的水平，发挥他们的示范和辐射作用，具体的培训目标如下：

（1）进一步树立正确的教育观、质量观和人才观，增强实施素质教育的自觉性；教书育人，为人师表，敬业爱岗，增强从事教育事业的幸福感。

（2）进一步更新业务知识，善于吸收国内外先进的教育思想和理念，

掌握现代教育理论和技能，有广博厚实的业务知识和终身学习的自觉性，出色地做好本职工作。

（3）进一步遵循教育规律，掌握教育研究与教育实验的科学方法，积极开展教育科研，实现信息技术和学科课程与教学的深度融合。

（4）凝练、总结、反思教学经验，形成具有自己特色和个性化的教学风格，具备引领指导所教学科青年教师专业成长与发展的能力和水平，对我市中小学学科教学起带头示范作用。

（二）培训课程

金华市的名师培养人选、名师及特级教师的培训也是依托高校进行的，学院根据金华市教育局的要求，确定培训对象，了解培训需求，拟定培训目标，提出培训课程安排及师资的要求，经与受托培训的高校多次协商，最后确定培训课程，形成培训方案。因此，每一次培训的课程都是不同的。

部分骨干名师培养人选、名师及特级教师培训方案示例：

山东师范大学
浙江省金华市小学骨干教师培训方案

一、培训目标

更新教育观念，了解当前中小学教育改革和学科发展新趋势，为全面推进素质教育，全面实施新课程，全面提高教育质量打好坚实基础。

研究中小学教育改革及其评价的新理念和新方法，以达到不断提高教育水平和教学能力，在全面推进素质教育，全面实施新课程，全面提高教育质量中起到引领和示范作用。

开展中小学教育教学研究与实践，以提高教育教学创新与实践能力。

二、培训对象

金华市第一、二、三批小学数学名师培养人选。

三、培训方法

　　培训采取理论学习、实践考察和专题研究相结合，集中学习与分散学习相结合的方法进行，并根据成人教育特点和学员的实际情况，注意调动学员的积极性，开发学员本身的教育资源，注重学员自我教育、自我管理、自我学习、自我研究、自我实践，达到提高学员教育教学水平、教育教学研究能力和教育教学实践能力。

　　学员主动参与、认真学习，在授课教师的要求与指导下，完成培训任务。

　　四、培训时间

　　2006年12月24日至12月29日。

　　五、培训安排

　　（一）专题讲座（4天）

　　1.基础教育课程改革的理性审视（徐继存教授、博导）半天

　　2.课堂教学评价（魏薇教授、博士）半天

　　3.教师专业发展与教师教学风格（赵昌木教授、博士）半天

　　4.教育行动研究——教师专业发展的必由之路（唐海卫教授、博士）半天

　　5.孔子教育教学思想的几点思考（张书丰教授）半天

　　6.亚洲基础教育课程改革动态（于洪波教授、博士）半天

　　7.教育研究的程序与方法（曾继耘副教授、博士）半天

　　8.基础教育改革新理念（高伟副教授、博士）半天

　　（二）观摩学习（1天）

　　1.山东师范大学附属小学数学观摩课　　半天

　　2.考察济南市解放路第一小学　　半天

　　（三）参观（1天）

　　曲阜"三孔"孔府、孔庙、孔林参观，了解儒家文化。

　　（四）费用（略）

山东师范大学教育学院

2006年11月10日

华东师范大学
浙江省金华市第四批中小学名师培养人选高级研修班培训方案

为了配合金华市实施"科教兴市"和"人才强市"战略，推进教育教学改革，提升金华市中小学教师的综合素质，促进教师专业发展，适应新课程改革的教学需要，华东师范大学继续教育学院与浙江省金华教育学院经过友好协商，双方决定联合在华东师范大学举办浙江省金华市第四批中小学名师培养人选高级研修班，分四期举办，第一、二期培训对象为中学名师培养人选，第三、四期培训对象为小学名师培养人选，每期50人。

一、研修目标

更新教育观念，了解中小学教育改革和学科发展新趋势，为全面推进素质教育，全面实施新课程，全面提高教育质量打好坚实基础。

研究中小学教育改革及其评价的新理念和新方法，以达到不断提高教育水平和教学能力，在全面推进素质教育，全面实施新课程，全面提高教育质量中起骨干作用。

开展中小学教育教学研究与实践，以提高教育教学创新与实践能力。

二、研修方法和要求

培训采取理论学习、实践考察和专题研究相结合，集中学习与分散学习相结合的方法进行，并根据成人教育的特点和学员的实际情况，注意调动学员的积极性，开发学员本身的教育资源，注重强调学员自我教育、自我管理、自我学习、自我研究、自我实践，达到提高学员教育教学理论水平、教育教学研究能力和教育教学实践能力。

学员必须主动参与、认真学习，在授课教师和导师的要求与指导下按时完成学业。

三、研修时间与地点

培训时间：第一期为2009年3月8日—3月15日（3月8日报到）；第二期为2009年3月15日—3月22日（3月15日报到）；第

三期为 2009 年 3 月 22 日—3 月 29 日（3 月 22 日报到）；第四期为 2009 年 3 月 29 日—4 月 4 日（3 月 29 日报到）；培训地点在华东师范大学。

四、集中理论学习阶段研修内容与课时

（一）研修课程（以专题讲座为主要形式开设，共安排 4 天）

1. 新课程背景下教师教学方式的变革（半天）

2. 学生评价与创新能力培养（半天）

3. 课堂观察与分析（半天）

4. 教学特色形成途径与规律（半天）

5. 教师在教育行动中成长（半天）

6. 新课程改革背景下学校教科研实用策略（1 天）

7. 课题研究（论文）开题：每组推选一人在导师指导下举行全班示范性开题。（半天）

上述讲座均由乙方聘请授课能力强、学术造诣高的以华东师范大学为主的教授与副教授，根据理论与实践相结合的原则进行授课。

若遇特殊情况，上述课程和任课教师将会作个别调整。

（二）教学实践（共安排 1 天）

按中学班或小学班为单位分别对应考察上海市特色中学或特色小学。

（三）社会考察（共安排 1 天）

考察上海市或周边地区人文地域文化景点，交由旅行社承办，费用由学员自理。

五、培训结业

（一）培训内容考核

1. 每门课程（包括教学实践）学习结束，均有考核成绩，考核形式由任课教师定。

2. 理论学习部分的课程采取考核与考试相结合，以考核为主。

（二）培训结业论文

培训结束时，每个学员须撰写一篇培训结业论文，先发至金华教育学院指定邮箱，再由金华教育学院集中发至我院师训邮箱：hsjjsx@yahoo.com.cn，由我院组织导师审批。

（三）培训结业证书

凡按规定完成培训内容，经考核考试成绩合格者，由我院颁发华东师范大学结业证书。

联系人：方文林；联系电话：021—62234065（兼传真）；手机：13818718936；E-mail：hsjjsx@yahoo.com.cn

华东师范大学继续教育学院编制

2008 年 12 月 22 日

北京师范大学
金华市中小学特级教师高级研修班培训方案

为了使金华市中小学名师尽快在教育理念、教学理论、课堂教学能力、教育科研能力、教育教学业绩等方面分别达到更高层次的目标要求，开阔教学视野，解决在实际工作中遇到的难点与焦点，完善自己的知识结构，形成自己的教学技能，使自己成为一名学者型、专家型的教师，北京师范大学继续教育与教师培训学院特举办"金华市中小学特级教师高级研修班"。

一、培训目标

旨在通过培训，使金华市中小学名师在政治理论、思想品德修养、教育政策法规、现代教育理论和实践、教育教学方法、现代科技和人文社会科学知识等综合素质有整体提高，从而形成一支具有较高思想素质、较强业务能力、较新教育理念，在课程改革实验与实践中能起带头作用的名师队伍，达到提高教育教学质量的目的。

二、培训对象：金华市中小学特级教师

三、培训时间：2009 年 11 月 3 日—11 月 7 日（11 月 2 日报到）

四、培训地点：北京师范大学

五、培训内容：共开设 10 个讲座，主要内容从下表中选择专题（根据时间安排，个别讲座内容可能有变化）。

序号	课程名称	课时
1	教师专业发展的模式探索	4
2	新课程背景下的教学评价与改革	4
3	教师职业倦怠的预防	4
4	中学生学习方法指导	4
5	教育科学研究方法	4
6	探索校本教研新模式	4
7	教改课题研究与实践	4
8	学习理念与教学方式的转变	4
9	新课程教学设计与教学案例	4
10	基础教育改革对教师的挑战	4
11	静下心来教书，潜下心来育人	4

六、任课教师：由北京师范大学知名专家、北京市重点中学校长和北京市特级教师等组成的名师名家授课团队。

七、培训费用（略）

北京师范大学继续教育与教师培训学院

2009 年 10 月 10 日

武汉大学
金华市中小学名师培养人选培训方案

一、武汉大学高级培训中心简介

武汉大学高级培训中心是武汉大学专门开展各类高级培训和适应性培训的办学实体。中心凭借百年名校之辉煌，承传"自强、弘毅、求是、拓新"之校风，坚持以人为本，以法为准，以人才市场需求为导向，以促进社会经济发展为目的，规范化管理、市场化运作，整合校内外优秀教育资源，为政府机关、团体、企事业单位、行业系统、学校、公司及社会其他相关行业培训各类中、高级人才。中心以承办政府机关、大型企事业单位、水利、电力、测绘、医学等行业系统的高级专业技术人员和经营管理人员培训为主，同时也开展面向社会需求的各类培训。

中心的发展方向是注重理念创新与实用型人才培养的结合，在确保优质培训，突出高层次非学历教育培训的前提下，以社会服务为中心，着力打造国内外知名培训品牌。同时，加大与行业、系统的沟通和合作，不断开拓国内外各类高级培训市场，为社会经济发展做出应有的贡献。

二、培训方向

很多单位花重金用于培训，但培训实践效果真正转化率甚至不超过15%。培训成效与培训的目标、设计、企业学习氛围、培训执行力等因素息息相关。如何提高单位培训效果的转化力是每个单位教育培训管理部门所面临的问题。

我们从贵单位提出的实际需求出发，挑选武汉大学教育学院、湖北省各中小学的特级教师和有关专家，针对中小学教师的个人素质、教学方法和工作能力等方面，协助贵单位做好中小学教师的培训教育工作。

三、项目实施流程

为了保证此次培训方案的顺利实施和有序进行，我们提供本次的计划操作流程，每一个步骤都需要双方互相支持和密切配合。

（一）合作方式

武汉大学高培中心根据浙江省金华市教育局的要求设计课程，并提供师资、培训场地及设备；浙江省金华市教育局负责组织学员等。

（二）具体安排

班级规模：为达到理想的培训效果，根据具体课程和贵单位工作实际情况安排学员人数。

培训场地：可容纳50—60人的多媒体教室。

教学设备：多媒体教学设备，包括电脑、投影仪、音响等，课前由专门人员调试到位。

（三）培训过程特点说明

1.培训前

（1）高培中心在培训前做全面、细致、深度的前期调研及诊断工作。

（2）高培中心在培训调研结束后将积极与浙江省金华市教育局相关负责人进行充分交流，将了解的实际情况同讲师进行深入研讨，以便在培训课程中进行细致分析并提出解决方案。

（3）高培中心在培训工作开始前，还将与浙江省金华市教育局相关负责人充分沟通培训课程内容，以便在培训前能够清楚地了解培训的内容、方式、主要解决的问题以及如何进行培训评估等后续问题。

2.培训中

高培中心在培训过程中将根据成人学习的特点，注重学习的生动性及互动性，保持与学员的充分沟通，不断创造给学员提问及思考分析问题的机会，让他们在培训过程中最大限度地领悟并及时消化，而不是在培训结束后慢慢回忆。

3.培训后

高培中心在培训结束后会安排讲师与学员持续保持联络，指导学员后期更好地吸收培训内容，还将定期跟踪学员的工作情况，及时解答学员提出的问题，以达到培训效果的持续性。

四、培训对象

此次培训班的培训对象为：浙江省金华市教育局选派来参加学习的学员。

五、培训细则

（一）培训时间

中学名师班：2010年3月28日—4月3日；

小学名师班：2010 年 4 月 4 日—4 月 10 日；

（二）培训内容及教学安排

根据浙江省金华市教育局的实际需求进行培训，教学安排（面授）如下：

1. 教学论与课堂教学（理论与实践相结合）

2. 名师的成长规律研究

3. 湖北教育改革经验介绍

4. 加强校本研修，促进教师专业发展（案例）

5. 教学设计多媒体排版

6. 教师心理问题因素分析（运用心理学分析）

7. 全面提高教学质量实践案例

8. 到名校听名师的课（中学、小学各一所）

9. 参观黄鹤楼和汉口江滩

10. 武汉大学外校座谈（分组互动研讨）

授课教师的安排既有教授，也有省市教研员、一线名师，各占三分之一。

每个专题时间为半天。

该教学安排可根据需要进行协商调整。

（三）培训课时与学习形式

按照浙江省金华市教育局要求的培训内容，总课时为 40 学时，每天面授 8 学时，分 5 天集中培训完成。其中 4 天为面授课时，1 天为实践参观考察，由授课教师提供具体的内容模块与教学课件。学习形式为集中脱产学习，全体学员在武汉大学集中食宿，服从班主任的管理。

（四）培训教材

组织任课教师指定或编写，汇编成册。参加学习人员人手一套。

（五）培训证书

学员在规定的时间内学完教学计划规定的全部课程，达到要求，颁发武汉大学结业证书。

（六）费用（略）

武汉大学高级培训中心

2010 年 3 月 6 日

华南师范大学
金华市中小学名师培养人选培训班培训方案

一、培训目标

1. 了解当代社会的教育教学发展趋势，开阔视野，更新观念，提高认识，增强推进教育教学改革的自觉性、主动性。

2. 有重点地了解现代教育教学理论的发展情况以及青少年的身心特点，优化知识结构，按照素质教育要求提高教育教学水平。

3. 深化对当前教育教学改革实践的认识，能够从国家政策、学校教学过程等不同的层面把握当前我国教育教学改革的现状和趋势。

4. 有目的地总结教学经验、反思教育实践，自觉地将获得的新知识、新经验和形成的新见解创造性地运用于本校的教育教学实践。

二、培训对象

金华市中、小学校骨干教师。

三、培训时间

2011 年 4 月 3 日—4 月 9 日（中学名师班）；2011 年 4 月 10 日—4 月 16 日（小学名师班）。

上课时间：上午 8：30—11：30；下午 2：30—5：30；晚上自修）

四、培训方式

理论学习与研讨相结合，聘请华南师范大学教育专家、学者就研修内容做专题讲座。

五、培训内容

（1）基础教育改革的热点与发展趋势（1 天）

（2）课堂生态自主学习与有效教学（半天）

（3）教学方法的追问与言说（半天）

（4）班级管理与班主任的工作艺术（半天）

（5）学生健全人格的塑造与青少年成长（学生心理健康教育）（半天）

（6）现代教育思想（半天）

（7）考察交流一所重点中学或小学（半天）

六、结业

学员完成教学计划规定的学习任务，由华南师范大学继续教育学院颁发浙江省金华市中小学名师培养人选培训班结业证书。

七、学习地点

华南师范大学石牌校区继续教育学院

八、经费预算（略）

华南师范大学继续教育学院

2011 年 3 月 9 日

西南师大
金华市特级教师和名师高级研修班培训方案

为适应学习型社会建设的要求，进一步提高我市特级教师及名师的整体素质，金华市教育局人事处、金华教育学院、金华市特级教师协会计划与西南师范大学（教育部七所部属师范院校之一，211 大学，现并为西南大学）联合举办一期"金华市中小学特级教师和名师高级研修班"，具体方案如下：

一、培训时间：2012 年 11 月 26 日至 30 日。

二、参加培训对象：金华市在职特级教师、金华市名师

三、培训安排

1.教师配备：由西南大学培训中心负责选派具有教授职称，且拥有丰富的一线教学经验的专家承担主讲教学任务。

2. 教学形式：采取学员脱产学习、教师集中面授与组织课堂讨论相结合的教学方式。所有教师均采用多媒体案例式教学，讲授内容注重理论与实际相结合，以案例讲授为主。

3. 教学安排

<table>
<tr><th colspan="2">模块</th><th>专题</th><th>学时</th><th>授课教师</th><th>职称</th><th>备注</th></tr>
<tr><td rowspan="6">培训课程及师资安排</td><td>教师素质</td><td>文化与教育素养</td><td>4</td><td>曹廷华</td><td>教授</td><td></td></tr>
<tr><td rowspan="3">教师专业能力提升</td><td>教师专业发展趋势与名师成长</td><td>4</td><td>陈时见</td><td>教授</td><td></td></tr>
<tr><td>班级文化建设与管理</td><td>4</td><td>刘永凤</td><td>教授</td><td></td></tr>
<tr><td>行动研究与教学改进</td><td>4</td><td>于波</td><td>教授</td><td></td></tr>
<tr><td>名师论坛</td><td>名师成长感悟</td><td>4</td><td>恭奇柱</td><td>研究员</td><td>国家级教学名师</td></tr>
<tr><td>现场研讨</td><td>中小学教育考察</td><td>4</td><td></td><td></td><td>名校考察</td></tr>
</table>

四、经费预算（略）

培训费用由金华市教育局承担，学员差旅费回原单位报销。

金华教育学院

2012 年 11 月 5 日

四川师范大学
金华市特级教师和名师高级研修班培训方案

为了提高金华市特级教师和名师的职业素养，适应新一轮基础教育课程改革的需要，根据金华市教育局的委托，组织一期"金华市特级教师和名师"短期集中培训。

一、培训对象：金华市特级教师和名师。

二、培训人数：60 人左右。

三、培训时间：2013 年 11 月 25 日—29 日（11 月 24 日报到）。

四、培训地点：四川师范大学教育学院

五、培训内容与安排

（一）专题讲座（3 天）

1. 新课程实施中的难点分析（游永恒教授）半天

2. 有效教学策略（郭英教授）半天

3. 巴蜀文化漫谈（王川教授）半天

4. 压力应对与情绪管理（张皓教授）半天

5. "钱学森之问"与创新能力的培养（吴定初教授）半天

6. 从特级教师到教育家型教师（张军校长）半天

（二）观摩学习（半天）

成都七中育才学校 或成都外国语学校

（三）人文考察（1天）

六、培训经费（略）

四川师范大学教育学院

2013 年 10 月 30 日

杭州师范大学

金华市第六批小学名师培训班培训方案

一、指导思想

教师专业发展是富有自身特点的持续动态过程，它不仅需要个体的勤奋钻研，与他人的经验交流、智慧共享也不可或缺，本培训以此为指导思想，开阔学员视野与胸襟，丰厚学养，提高综合素质和教育教学能力。

二、培训目标

1. 以国家基础教育方针为指导，以教学研究为核心，引导、帮助学员提高师德水平和综合文化素养。

2. 确立新的教育观、学生观，丰富专业知识，掌握现代教育理论并指导教育实践。

3. 侧重课堂教学设计能力、课堂教学实施和管理能力，以期在这些方面的能力有明显的提高。

三、培训对象

金华市第六批小学名师。

四、培训日程

时间 / 地点		培训内容	活动形式	培训者	学习提示
12月24日	上午	学员报到		班主任	阅读培训材料，熟悉环境
	下午	学生评价与创新能力培养	专题讲座对话交流	汪燕宏 / 杭州下城区教育发展中心特级教师	
12月25日	上午	课堂观察与分析	专题讲座	周俊 / 杭师大副教授	
	下午	名师成长途径与规律	专题讲座	童富勇 / 杭师大教授，教育学院院长	
12月26日	上午	杭州胜利小学（两个学科）	示范课观摩、评课研讨交流	陆红 / 副校长、特级教师	事先上网了解该校，现场充分交流
	下午	杭州天长小学（两个学科）	示范课观摩、评课研讨交流	蒋军晶 / 副校长、特级教师	
12月27日	上午	现代教师教科研路径与策略	专题讲座对话交流	叶哲铭 / 杭师大经亨颐学院副院长、博士	
	下午	现代教师专业发展与教学变革	专题讲座对话交流	张寿松 / 浙江外国语学院（原浙江教育学院）教授	积极与专家互动交流
12月28日	上午	电影美学与教师的专业阅读	专题讲座互动交流	任为新 / 省优秀师训导师，杭师大副教授	
	下午	本阶段培训总结	汇报交流	班主任	各小组提前准备总结与反思，组长陈述

五、考核评估

1.考核

日常考核：12月24日至12月28日期间每日考勤。

终期考核：完成一份培训感悟或某专家讲座体会，800字以上。

2.评估：学员完成上述两项考核，且缺勤率不超过培训总学时（40学时）的五分之一，准予结业，并颁发杭州师范大学教师培训结业证书。

六、培训管理

1.职责分工

由继教院成立项目工作小组实施统一管理，管理团队职责分工如下：

姓名	职务	专业	学历	负责事务
叶哲铭	副院长	教育学	博士	担任项目总策划，负责设计培训方案，部署各环节工作，全程管理培训过程
王莉莉	师干训部主任	生物学	本科	双方联络，落实协议书、办班审批及培训各项事务
徐虹	师干训部副主任	工学	本科	担任后勤协调员，负责落实学员的食宿等事务
任为新	教研部教师	汉语言文学	硕士	担任项目负责人，负责执行培训方案，落实培训师资和考察学校，管理班级日常事务
封丽娜	师干训部职员			担任项目行政助理
陈盼	师干训部职员			负责培训质量评估
邓海宇	师干训部职员			落实用车、教室等保障工作

2. 培训纪律

要求每一位学员全程参加培训学习。培训期间不迟到，不早退，不旷课。如因事因病不能参加学习，需办理请假手续。病假需有医生证明，事假需有单位证明。请假 1 天内，由班主任批准；请假 2 天内，由杭师大继教院学院领导批准；请假 2 天以上，视同退出培训。

有下列情形之一者，将自然淘汰：

（1）未经同意不参加培训者；

（2）培训期间累计缺勤超五分之一者；

（3）未能完成规定学习任务及培训考核不合格者。

杭州师范大学继续教育学院

杭州市中小学教师培训中心

2014 年 10 月 18 日

杭州师范大学
金华市第六批中学名师培训班培训方案

一、指导思想

教师专业发展是富有自身特点的持续动态过程，它不仅需要个体的勤奋钻研，与他人的经验交流、智慧共享也不可或缺，本培训以此为指导思想，开阔学员视野与胸径，丰厚学养，提高综合素质和教育教学能力。

二、培训目标

1. 以国家基础教育方针为指导，以及继续教育的要求，注重教学研究为核心，引导、帮助学员提高教师职业素养，加强师德建设，强化师德形象。

2. 确立新课程改革所要求的树立较先进的教育观、学生观、课程观，丰富专业知识，掌握现代教育理论。

3. 提升课堂教学设计能力、课堂教学实施和教研等实践能力，展示名师实践应用能力。

三、培训对象

金华市第六批中学名师 100 名。

四、培训日程

时间/地点		培训内容	活动形式	培训者	学习提示
12月19日（周五）	上午	学员报到		班主任	学员报到
	上午	名师成长途径与规律	专题讲座	童富勇/杭师大教授，教育学院院长	了解名师成长过程
12月20日（周六）	上午	教师专业成长与教育事业	专题讲座	严国忠/杭州采荷教育集团董事，特级教师	基于学科专业教育的成长
	下午	做有幸福感的老师	专题讲座 互动交流	赵群筠/杭州拱墅区教育局副局长、特级教师	教师的价值观与教育观塑造
12月21日（周日）	上午	现代教师教科研路径与策略	专题讲座 对话交流	叶哲铭/杭师大经亨颐学院副院长、博士	名师的教研结合
	下午	课堂观察与分析	专题讲座	周俊/杭师大副教授	立足课堂教学是名师的主阵地
12月22日（周一）	上午	课堂教学实践与反思	示范课观摩、评课研讨交流	方华基/杭师大副教授	建兰中学、富阳永兴中学、杭州市保俶塔实验学校等杭城名校观摩
	下午				
12月23日（周二）	上午	教学设计新思考	专题讲座	盛群力/浙江大学，教授	教学设计的理论思考
	下午	本阶段培训总结	汇报交流	班主任	各小组提前准备总结与反思，组长陈述

五、考核评估

1. 考核

日常考核：12月19日至12月23日期间每日考勤。

终期考核：完成一份培训感悟或某专家讲座体会，800 字以上。

2. 评估：学员完成上述两项考核，且缺勤率不超过培训总学时（40 学时）的五分之一，准予结业，并颁发杭州师范大学教师培训结业证书。

六、培训管理

1. 职责分工

由继教院成立项目工作小组实施统一管理，管理团队职责分工如下：

姓名	职务	专业	学历	负责事务
叶哲铭	副院长	教育学	博士	担任项目总策划，负责设计培训方案，部署各环节工作，全程管理培训过程
王莉莉	师干训部主任	生物学	本科	双方联络，落实协议书、办班审批及培训各项事务
徐虹	师干训部副主任	工学	本科	担任后勤协调员，负责落实学员的食宿等事务
方华基	教研部主任		博士	担任项目负责人，负责执行培训方案，落实培训师资和考察学校，管理班级日常事务
封丽娜	师干训部职员			担任项目行政助理
陈盼	师干训部职员			负责培训质量评估
邓海宇	师干训部职员			落实用车、教室等保障工作

2. 培训纪律

要求每一位学员全程参加培训学习。培训期间不迟到，不早退，不旷课。如因事因病不能参加学习，需办理请假手续。病假需有医生证明，事假需有单位证明。请假 1 天内，由班主任批准；请假 2 天内，由杭师大继教院学院领导批准；请假 2 天以上，视同退出培训。

有下列情形之一者，将自然淘汰：

（1）未经同意不参加培训者；

（2）培训期间累计缺勤超五分之一者；

（3）未能完成规定学习任务及培训考核不合格者。

杭州师范大学继续教育学院

杭州市中小学教师培训中心

2014 年 10 月 15 日

金华市的名师培养人选、名师及特级教师的培训模式及特点与金华市名校长培养人选及名校长培训模式及特点相同。

此外，学院还通过参与浙江省教育厅组织的培训项目竞争，争取到了 2 个浙江省骨干培训者培训班和 6 个浙江省学科带头人培训班。这些培训级别高、要求高，进一步提升了学院的影响力和知名度。具体如下：

序号	班期名称	负责人	培训时间	培训天数	参训人数
1	浙江省小学科学学科带头人培训班	蒋梅兰	2012 年下半年	35 天	19
2	浙江省小学英语学科带头人培训班	吴广义	2012 年下半年	35 天	22
3	浙江省小学培训者培训班	胡吉省	2014 年下半年	20 天	39
4	浙江省农村小学科学学科带头人培训班	蒋梅兰	2014 年下半年	30 天	40
5	浙江省中学体育学科带头人培训班	施群芳、王旭航	2015 年下半年	20 天	28
6	浙江省初中培训者培训班	何宝钢、褚伟明	2015 年下半年	20 天	29
7	浙江省初中英语学科带头人培训班	吴广义、卢晓美	2015 年下半年	30 天	26
8	浙江省初中语文学科带头人培训班	陈文兵	2015 年下半年	30 天	10

二、金华市一般骨干教师（学科骨干）培训

金华市的一般骨干教师培训在一般情况下，是根据金华市教育局的要求以及基础教育形势发展的需要而进行的，十年中，主要于 2008—2010 年组织了金华市农村中小学"领雁工程"培训，即金华市的学科带头人培训。其次是于 2014 年和 2015 年组织了较大规模的分层分类的骨干教师培训。

关于做好金华市中小学"深化改革"第一期
指令性培训工作的通知
金市教人〔2014〕4 号

各县（市、区）教育局、市直属学校：

为了进一步提高我市中小学教职工队伍的整体素质，促进教职工的专业发展，实现中小学教师培训工作的"全覆盖"，强化全市中小

学中层干部的在岗培训，提升学校教育管理和教学改革的整体层次，推动全市中小学的转型升级，经研究，决定由金华教育学院组织举办金华市中小学"深化改革"第一期指令性培训工作，现将有关事项通知如下：

一、培训项目、时间及对象

序号	项目名单	参训对象	培训时间
1	学校保卫科长班	全市中小学保卫科长、安全负责人	2014.5.12–14
2	高中教务主任班	全市高中教务主任	2014.5.12–16
3	中小学图书馆管理人员班	全市中小学图书馆管理人员	2014.5.13–17
4	小学英语教研组长班	全市小学英语教研组长	2014.5.20–24
5	小学语文教研组长班	全市小学语文教研组长	2014.5.20–24
6	高中校办主任班	金华市高中校办主任	2014.5.26–30
7	小学德育骨干教师班	全市小学分管德育领导	2014.6.10–14
8	初中社会.思品教研组长班	初中社会.思品教研组长	2014.6.19–23
9	共青团干部班	全市各学校团委（团支部）书记、副书记	2014.6.23–27
10	校刊校报编辑班	全市中小学校刊物、报纸编辑负责人	2014.6.3–7
11	学校医务、保健员班	全市学校医务、保健人员	2014.7.14–17
12	成人教育管理人员班	教师进修学校和中职学校从事成人教育管理工作人员	2014.7.27–31
13	初中总务主任班	全市初中总务主任	2014.7.28–30
14	教育考试管理人员班	教育考试管理机构人员	2014.8.15–19
15	初中语文教研组长班	全市初中语文教研组长	2014.10.13–17
16	初中科学教研组长班	全市初中科学教研组长	2014.10.14–18
17	小学数学教研组长班	全市小学数学教研组长	2014.10.20–24
18	少先队大队辅导员班	全市少先队大队辅导员	2014.11.3–7

二、培训名额分配

序号	项目名称	市直	金东	婺城	开发区	兰溪	义乌	东阳	永康	武义	浦江	磐安	合计
1	高中校办主任班	12				6	9	9	9	5	5	5	60
2	高中教务主任班	12				6	9	9	9	5	5	5	60
3	共青团干部班	12				6	9	9	9	5	5	5	60
4	学校保卫科长班	12				6	9	9	9	5	5	5	60
5	初中总务主任班	1	9	12	8	4	5	5	5	4	4	3	60
6	初中语文教研组长班	1	9	12	8	4	5	5	5	4	4	3	60
7	初中科学教研组长班	1	9	12	8	4	5	5	5	4	4	3	60
8	初中历史与社会教研组长班	1	9	12	8	4	5	5	5	4	4	3	60
9	小学德育骨干班		9	12	9	4	5	5	5	4	4	3	60
10	少先队大队辅导员班		9	12	9	4	5	5	5	4	4	3	60
11	小学语文教研组长班		9	12	9	4	5	5	5	4	4	3	60
12	小学数学教研组长班		9	12	9	4	5	5	5	4	4	3	60
13	小学英语教研组长班		9	12	9	4	5	5	5	4	4	3	60
14	学校医务、保健员班	12				6	9	9	9	5	5	5	60
15	中小学图书馆管理人员班	12				6	9	9	9	5	5	5	60
16	校刊校报编辑班	12				6	9	9	9	5	5	5	60
17	教育考试管理人员班	16				7	8	7	7	5	5	5	60
18	成人教育管理人员班	4				8	8	8	8	8	8	8	60
	总计	118	81	108	77	93	124	123	123	84	84	75	1080

三、其他

1.各县（市、区）教育行政部门要高度重视市级指令性培训工作，安排人员按照分配人数做好培训人员的上报工作，参训名单于4月8日前用Excel表（见附件）以电子邮件形式发至jh89107227@126.com；联系人：徐建华，饶旭华；联系电话：89107227、89107225。

2.金华教育学院要及时细化培训方案，确定学院中层干部为项目负责人，做到理论与实践相结合、学习与分享相结合、培训与服务相结合，不断提升培训的质量和品牌，努力打造金华教育系统的"黄埔军校"。

3.本次培训将按每天8学时的标准计教师继续教育学分。培训经费按市级200元/天的标准收取，培训差旅费回参训教师所在单位报销。

附件：金华市中小学"深化改革"第一期指令性培训工作报名表

金华市教育局

2014 年 3 月 24 日

附件：

金华市中小学"深化改革"第一期指令性培训工作报名表

单位名称（公章）：

序号	参训项目	姓名	性别	工作单位	职务（岗位）	手机	备注

填表人：　　　　　电话：　　　　　　2014 年　　月　　日

注：本表以县（市、区）教育局及项目为单位以电子邮件形式于 4 月 8 日前报金华教育学院干训处。联系人：徐建华、饶旭华；联系电话：89107227；邮箱：jh89107227@126.com。

关于做好金华市中小学"深化改革"第二期
指令性培训工作的通知
金市教办人〔2015〕1 号

各县（市、区）教育局、市直属学校：

为了进一步提高我市中小学教职工队伍的整体素质，促进教职工的专业发展，实现中小学教师培训工作的"全覆盖"，强化全市中小学中层干部、中小学教研组长的组织管理能力、教改能力提升培训，提升学校教育管理和教学改革的整体层次，推动全市中小学的转型升级，经研究，决定由金华教育学院组织举办金华市中小学"深化改革"第二期指令性培训工作，现将有关事项通知如下：

一、培训项目、参训对象及人数

序号	项目名单	参训对象	培训人数
1	高中政教主任培训班	金华市高中政教主任	55
2	高中总务主任培训班	金华市高中总务主任	55
3	高中校本培训负责人培训班	金华市高中校本培训负责人	55
4	高中网站管理员培训班	金华市高中网站管理员	55
5	高考改革后学生职业生涯指导培训班	金华市高中学生生涯规划指导教师	55
6	高中语文教研组长培训班	金华市高中语文教研组长	55
7	高中英语教研组长培训班	金华市高中英语教研组长	55
8	高中政治教研组长培训班	金华市高中政治教研组长	55
9	高中数学教研组长培训班	金华市高中数学教研组长	55
10	高中物理教研组长培训班	金华市高中物理教研组长	55
11	高中化学教研组长培训班	金华市高中化学教研组长	55
12	高中地理教研组长培训班	金华市高中地理教研组长	55
13	初中数字化课堂培训班	金华市初中分管教学副校长	60
14	初中校办主任培训班	金华市初中校办主任	60
15	初中教务主任培训班	金华市初中教务主任	60
16	初中政教主任培训班	金华市初中政教主任	60
17	初中校本培训负责人培训班	金华市初中校本培训负责人	60
18	中学保卫干部培训班	金华市中学保卫干部培训班	60
19	初中数学教研组长培训班	金华市初中数学教研组长	60
20	初中英语教研组长培训班	金华市初中英语教研组长	60
21	初中体育教研组长培训班	金华市初中体育教研组长	60
22	小学数字化课堂培训班	金华市小学分管教学副校长	60
23	小学办公室主任培训班	金华市小学办公室主任	60
24	小学教务主任培训班	金华市小学教务主任	60
25	小学政教主任培训班	金华市小学政教主任	60
26	小学校本培训负责人培训班	金华市小学校本培训负责人	60
27	小学科学教研组长培训班	金华市小学科学教研组长	60
28	小学体育教研组长培训班	金华市小学体育教研组长	60
29	小学美术教研组长培训班	金华市小学美术教研组长	60
30	小学音乐教研组长培训班	金华市小学音乐教研组长	60
31	乡镇中心幼儿园园长培训班	金华市乡镇中心幼儿园园长	60
32	幼儿园校本培训负责人培训班	金华市幼儿园校本培训负责人	60

二、培训名额分配

序号	项目名称	市直	金东	婺城	开发区	兰溪	义乌	东阳	永康	武义	浦江	磐安	合计
1	高中政教主任培训班	10		2		5	9	9	8	4	4	4	55
2	高中总务主任培训班	10		2		5	9	9	8	4	4	4	55
3	高中校本培训负责人培训班	10		2		5	9	9	8	4	4	4	55
4	高中网站管理员培训班	10		2		5	9	9	8	4	4	4	55
5	高考改革后学生职业生涯指导培训班	10		2		5	9	9	8	4	4	4	55
6	高中语文教研组长培训班	10		2		5	9	9	8	4	4	4	55
7	高中英语教研组长培训班	10		2		5	9	9	8	4	4	4	55
8	高中政治教研组长培训班	10		2		5	9	9	8	4	4	4	55
9	高中数学教研组长培训班	10		2		5	9	9	8	4	4	4	55
10	高中物理教研组长培训班	10		2		5	9	9	8	4	4	4	55
11	高中化学教研组长培训班	10		2		5	9	9	8	4	4	4	55
12	高中地理教研组长培训班	10		2		5	9	9	8	4	4	4	55
13	初中数字化课堂培训班	1	9	12	8	4	5	5	5	4	4	3	60
14	初中校办主任培训班	1	9	12	8	4	5	5	5	4	4	3	60
15	初中教务主任培训班	1	9	12	8	4	5	5	5	4	4	3	60
16	初中政教主任培训班	1	9	12	8	4	5	5	5	4	4	3	60
17	初中校本培训班负责人培训班	1	9	12	8	4	5	5	5	4	4	3	60
18	初中保卫干部培训班	1	9	12	8	4	5	5	5	4	4	3	60
19	初中数学教研组长培训班	1	9	12	8	4	5	5	5	4	4	3	60
20	初中英语教研组长培训班	1	9	12	8	4	5	5	5	4	4	3	60
21	初中体育教研组长培训班	1	9	12	8	4	5	5	5	4	4	3	60
22	小学数字化课堂培训班		9	12	9	4	5	5	5	4	4	3	60
23	小学办公室主任培训班		9	12	9	4	5	5	5	4	4	3	60
24	小学教务主任培训班		9	12	9	4	5	5	5	4	4	3	60
25	小学政教主任培训班		9	12	9	4	5	5	5	4	4	3	60
26	小学校本培训负责人培训班		9	12	9	4	5	5	5	4	4	3	60
27	小学科学教研组长培训班		9	12	9	4	5	5	5	4	4	3	60
28	小学体育教研组长培训班		9	12	9	4	5	5	5	4	4	3	60
29	小学美术教研组长培训班		9	12	9	4	5	5	5	4	4	3	60
30	小学音乐教研组长培训班		9	12	9	4	5	5	5	4	4	3	60
31	乡镇中心幼儿园园长培训班		9	12	9	4	5	5	5	4	4	3	60
32	幼儿园校本培训负责人培训班		9	12	9	4	5	5	5	4	4	3	60
	总计	129	180	264	171	140	208	208	196	128	128	108	1860

三、其他

1. 金华市中小学"深化改革"第二期指令性培训时间安排在 2015 年，每个班的培训时间为 4.5 天，具体培训时间由金华教育学院根据学员的需求并认真考虑工学矛盾后决定，由金华教育学院另行通知。

2. 各县（市、区）教育行政部门要高度重视市级指令性培训工作，安排人员按照分配人数做好培训人员的上报工作，参训名单于3月4日前用 Excel 表（见附件）以电子邮件形式发至 jh89107227@126.com；联系人：徐建华、饶旭华；联系电话：89107227、89107225。

3. 金华教育学院要根据学员需求认真研制培训方案，确定学院骨干教师为项目负责人，做到理论与实践相结合、学习与分享相结合、培训与服务相结合，不断提升培训的质量和品牌，努力打造金华教育系统的"黄埔军校"。

4. 本次培训将按每天8学时的标准计教师继续教育学分，纳入省教育厅教师专业发展培训管理平台系统。培训经费按市级200元／天的标准收取，培训费及差旅费回参训教师所在单位报销。

附件：金华市中小学"深化改革"第二期指令性培训报名表

金华市教育局办公室

2015 年 1 月 14 日

附件：

金华市中小学"深化改革"第二期指令性培训班报名表

单位名称（公章）：＿＿＿＿＿＿＿＿＿＿

序号	参训项目	姓名	性别	工作单位	职务（岗位）	手机	备注

填表人：＿＿＿＿＿＿＿ 电话：＿＿＿＿＿＿＿ 2015 年 月 日

注：本表以县（市、区）教育局及项目为单位以电子邮件形式于3月4日前报金华教育学院干训处。联系人：徐建华、饶旭华；联系电话：89107227；邮箱：jh89107227@126.com。

第四章
十年培训纪事

第一节 2006年—2010年培训纪事

2006年

2006年2月21日,召开金华市区农村中小学教师素质提升培训研讨会。

2006年3月1日,召开金华市各县(市)教师进修学校培训部主任会议,研究部署金华市农村中小学教师素质提升培训工作。

2006年3月7日,召开金华市教师教育(师干训)年度工作会议。

2006年3月30日,金华市高中校长论坛在金华一中举行。

2006年4月5日,在东阳教师进修学校召开金华市素质提升工程培训工作会议。

2006年6月1日,举行了金华市"十五"中学校长提高培训的结业典礼,标志着金华市"十五"中学校长培训圆满结束。

2006年6月21日,召开暑期教师继续教育工作研讨会。

2006年7月4—5日,在浙江师范大学敬业楼报告厅隆重组织了为期两天的金华市普通高中新课程通识培训,标志着金华市高中新一轮课程改革的教师培训工作全面启动。

2006 年 7—8 月，完成金华市高中教师继续教育全员培训工作，共开设了高中的美术、音乐、体育、英语、语文、数学、物理、化学、信息、地理、政治、历史等 28 个班。完成了金华市区农村中小学教师素质提升培训、金华市区新教师试用期培训、市直属学校师德培训等各项教师培训工作。

2006 年 11 月，根据金华市教育局的要求，组织了金华市第三批名校长培养人选赴北京国家教育行政学院培训学习。

2006 年 11 月，举办了金华市高中校本培训管理员培训一期，金华市区初中、小学校本培训管理员培训一期。

2006 年，完成第一、二批市本级农村中小学教师素质提升培训及全市的统考工作。

2006 年，编印了 4 本农村中小学教师素质提升工程培训复习资料。

2006 年，编印了《金华市"十五"中学校长培训优秀论文集》。

2006 年，编辑了四期金华市师训《干训简报》。

2006 年，申报了"十一五"干训科研课题《农村中学校长终身发展的培训模式的实践研究》《农村中小学教师素质提升工程的实践研究》，被省干训中心立项，其中一项是省重点立项课题。

2006 年，金华市教育局出台了《关于进一步加强金华市中小学教师继续教育学分管理的通知》（金市教综〔2006〕9 号），进一步明确了教师继续教育的学分及学分管理的具体要求。

2006 年，学院被评为浙江省"十五"中小学校长培训工作先进集体。阮为文同志被评为浙江省"十五"干训工作先进个人。

2007 年

2007 年 4 月 13 日，金华市教育局下发了《关于印发金华市中小学校长培训"十一五"规划的通知》（金市教职成高〔2007〕12 号）。

2007 年 5 月 17 日，金华市教育局戴玲副局长、学院领导、金华市教育技术与信息中心领导一起研究开展网络培训工作。

2007 年 6 月 22 日，召开暑期教师继续教育（以网络培训为主）工作研讨会，明确辅导教师工作职责及网络培训操作流程。

2007年7—8月，完成金华市高中教师暑期网络培训工作。

2007年，完成金华市中学（市区小学）校长参加的"学校战略管理""中小学校园安全"等5个主题的提高培训。完成金华市中小学新任校长任职资格培训一期、金华市直属学校（单位）专职书记培训一期。

2007年，完成金华市农村中小学教师素质提升骨干集中培训、金华市直属学校（单位）师德专题培训、金华市区新教师试用期培训，以及金华市农村中小学教师素质提升全员培训的统考工作。

2007年，根据教育部班主任要持证上岗的要求，启动了金华市区班主任专项培训。

2007年，根据浙江省教育厅的要求，完成了浙江省农村中小学教师素质提升工程展板展示、优秀教学成果评比、农村中小学教学能手评比等活动。

2008年

2008年3月19日，浙江省丽水学院成教院领导来学院学习交流师干训工作。

2008年4月14日至15日，浙江省师干训中心邱卫东副主任等来金华市调研师干训工作。

2008年4月30日，金华市师干训年度工作会议在学院召开，重点讨论并部署了金华市"领雁工程"的有关工作。

2008年5月22日，召开中小学教师继续教育工作研讨会。

2008年6月24日，召开"领雁工程"培训工作研讨会。

2008年7月14日，召开"领雁工程"培训组班教师工作会议。

2008年10月31日，浙江省衢州学院成教院领导来学院学习交流"领雁工程"培训工作。

2008年12月17日，浙江省教育厅师范处陈伟光副处长等来金华市检查"领雁工程"实施情况。

2008 年 7—8 月，完成金华市高中及市区初中、小学教师继续教育网络培训。

2008 年 11 月，组织金华市名师名校长培养人选在浙江师范大学进行公共知识培训。

2008 年 11—12 月，组织金华市第四批名校长培养人选赴北京国家教育行政学院培训。

2008 年，完成金华市中学（市区小学）校长"校本管理研究""初中学生管理研究"等 4 个主题的校长提高培训。完成金华市中小学新任校长任职资格培训一期，金华市农村中小学"领雁工程"小学骨干校长培训一期，初中教务主任培训一期，新时期团务工作培训一期，高中校本管理员培训一期，金华市区初中、小学校本管理员培训一期。

2008 年，浙江省农村中小学"领雁工程"培训正式启动。完成了金华市农村中小学"领雁工程"市级小学语文、初中历史与社会、中小学德育、初中数学、中小学体育等 5 个学科的骨干教师培训。

2008 年，组织了金华市区中小学班主任专项培训。

2008 年，金华市教育局出台了《关于"金华市中小学校本培训示范学校"创建活动的通知》（金市教职成高〔2008〕11 号）文件。

2009 年

2009 年 3—4 月，组织金华市第四批名师培养人选赴华东师范大学学习。

2009 年 3 月 31 日，在学院召开金华市师干训年度工作会议，重点研究"领雁工程"省、市、县骨干培训的有关工作。

2009 年 4 月，组织人员对各县（市、区）申报的金华市首批校本培训示范性学校进行复评。

2009 年 5 月 5 日，召开"领雁工程"培训工作研讨会。

2009 年 5 月 12 日至 14 日，浙江省教育厅李敏强等领导来金华市调研"领雁工程"培训工作。

2009 年 5 月 26 日，在金华八中隆重召开了金华市中小学校本培训示范学校经验交流暨总结表彰会。

2009 年 6 月 9 日，召开校长培训工作研讨会。

2009 年 7—8 月，完成金华市高中及市区初中、小学教师暑期全员网络培训。

2009 年 8 月 18 日，学院胡清副院长、阮为文处长组织召开"领雁工程"培训学员座谈会。

2009 年 9 月 9 日，召开"领雁工程"实践培训导师座谈研讨会。

2009 年 11 月，组织金华市特级教师及各县（市、区）人事科长赴北京师范大学学习。

2009 年 11 月，组织金华市第四批小学语文名师培养人选赴山东师范大学学习。

2009 年，完成金华市中学（市区小学）校长"新劳动合同法解读""学校管理促教师素质提升""学校管理论坛"等 5 个主题的校长提高培训。完成金华市中小学新任校长任职资格培训一期、金华市"领雁工程"小学骨干校长培训一期。

2009 年，完成金华市区新教师试用期培训一期，金华市级农村中小学"领雁工程"小学语文、小学数学、小学科学、中小学音乐、初中英语 5 个学科的骨干教师培训各一期。

2009 年，编印了《金华市中小学校本培训经验交流汇编》。

2010 年

2010 年 3 月 24 日，在学院召开金华市师干训年度工作会议。会议重点总结了 2009 年师训干训工作的亮点、成功的经验，部署了 2010 年师训干训工作。

2010 年 5 月 7 日，金华市教育局组织"十一五"师干训先进集体的推荐和评比工作。永康教师进修学校、武义教师进修学院被评为浙江省"十一五"师干训先进集体；东阳教师进修学校、兰溪教师进修学院被评为金华市"十一五"师干训先进集体。

2010 年 5 月 11 日至 14 日，浙江省师干训中心骆伯巍主任等来金华市对"领雁工程"实施情况进行调研，先后在金华、东阳、武义、永康召开培训学员座谈会、理论导师座谈会、实践导师座谈会、校长座谈会和培训机构领导座谈会。

2010 年 5 月 26 日，召开"领雁工程"组班教师工作会议。

2010 年 6 月 30 日，召开中小学网络培训工作研讨会。

2010 年 3—4 月，组织金华市区名师名校长培养人选、名师名校长、市直属学校校长赴武汉大学学习。

2010 年 6 月，干训处阮为文同志被评为浙江省"十一五"师干训工作先进个人。

2010 年 7 月，金华市教育局出台了《金华市"领雁工程"骨干教师校长培训后续管理办法》。

2010 年 7—8 月，完成金华市中小学教师暑期全员网络培训。

2010 年 10 月，组织金华市第一至第四批小学数学名师培养人选赴南京师范大学学习。

2010 年 11 月，组织金华市名师名校长培养人选在浙江师范大学参加公共知识培训。

2010 年，完成金华市中学（市区小学）校长"校长领导素质与艺术""义务教育阶段绩效工资与教师评价"等 5 个主题的提高培训。完成金华市中小学新任校长任职资格培训班一期，金华市级农村中小学"领雁工程"初中骨干校长培训一期。

2010 年，完成金华市区新教师试用期培训一期，金华市级农村中小学"领雁工程"初中语文、小学语文、初中数学、小学数学、初中科学、中小学美术、小学英语等 7 个学科的骨干教师培训各一期。

2010 年，干训处制定了《2010 年金华市"领雁工程"骨干教师实践培训实施意见》《金华市"领雁工程"实践基地和实践指导教师职责》《金华市"领雁工程"教学实践培训学员考核表》。

第二节 2011年—2015年培训纪事

2011年

2011年5月19日，在磐安教师进修学校召开了金华市师干训年度工作会议，重点交流了各县（市）2010年的教师培训工作，研讨了《金华市教师专业发展培训实施意见》。

2011年5月24日，召开教师专业发展培训工作研讨会。

2011年6月16日，在宾虹小学召开金华市区中小学教师专业发展培训动员暨管理平台使用培训会。

2011年7月1日，《浙江省中小学教师专业发展培训若干规定》正式实施。

2011年12月15日，召开金华市教研室领导及教研员参加的教师专业发展培训工作恳谈会。

2011年12月27日，金华市教育局在金华四中组织召开金华市区中小学教师专业发展培训工作会议。

2011年3月至4月，组织金华市区名师名校长培养人选、名师名校长、市直属学校校长赴华南师范大学学习。

2011年7—8月，完成金华市中小学教师暑期全员网络培训。

2011年8月，学院被评为浙江省"领雁工程"理论培训先进集体。吴京强老师被评为浙江省"领雁工程"理论培训优秀导师。

2011年11—12月，组织金华市中职学校优秀"双师型"教师、专业带头人及第五批名师名校长培养人选赴华东师范大学学习。

2011年，完成金华市中小学校长"家校合作的理论与实践""中学校长领导力提升的理论与实践"等6个主题的校长提高培训。完成金华市中小学新任校长任职资格培训一期，金华市团委书记培训一期，农村小学少先队辅导员培训一期。

2011年，完成市区民工子弟学校骨干教师培训一期，初中教师多媒体课件制作培训一期，金华市区中青年幼儿教师素质提升培训二期，小学语文教师培训一期，金华市区新教师试用期培训一期，金华市直属学校骨干教师师德培训一期。

2011 年，组织开展了金华市第二批中小学校本培训示范性学校的复评工作。

2011 年，金华市教育局下文公布了金华市第二批校本培训示范性学校名单。

2012 年

2012 年 2 月 28 日，召开教师专业发展培训工作会议。

2012 年 3 月 24 日至 25 日，浙江省教育厅"百人千场"送教下乡活动义务教育学校校长专场活动在学院隆重举行，骆伯巍、吴卫东等 9 位专家做了专题讲座，全市 150 余位中小学校长参加了培训活动。

2012 年 7 月 13 日至 18 日，完成了磐安县教育局委托的磐安县中小学校长培训。

2012 年 8 月 26 日，召开教师专业发展培训工作交流研讨会，金华市教育局楼红华副局长、人事处杨卫玲处长、厉衔锋副处长、学院申屠江平院长、胡清副院长、高枫副院长以及全体项目负责人参加了研讨会。金华市教育局楼红华副局长做了重要讲话。

2012 年 8 月 28 日，金华市直属学校（单位）暑期师德培训在金华市文化中心剧场举行，培训会的主题是学校廉政建设，金华市委常委、市纪委书记张建明做主题报告。金华市教育局徐志坚局长主持培训会。

2012 年 11 月 25 日至 30 日，完成了金华市开发区教育局委托的开发区中小学校长和教务主任培训。

2012 年 12 月 21 日，浙中教育论坛第一次报告会在学院隆重举行，金华市教育局姜焜副局长主持报告会，金华市教育局徐志坚局长致辞。报告会邀请华东师范大学金忠明教授做了题为"教师教学方式变革与课堂教学质效提升的策略"的精彩讲座，金华市中小学校长、教师骨干 500 余人参加了报告会。

2012 年 12 月，组织金华市名校长、金华市直学校校长赴浙江大学培训。

2012 年 12 月，组织金华市第五批小学名师培养人选赴华东师范大学培训。

2012 年，成功申办了 3 个浙江省教育厅重点培训项目：吴广义负责的浙江省小学英语学科带头人培训班，蒋梅兰负责的浙江省小学科学学科带头人培训班，阮为文负责的浙江省小学骨干校长培训班。

2013 年

2013 年 1 月 22 日，干训处组织召开了由部分项目负责人参加的教师培训工作座谈会。座谈会由申屠江平院长主持。大家围绕如何研制高质量的培训项目方案，如何办好培训班，如何发挥教研组在培训团队中的作用，如何抓好培训基地建设等方面畅所欲言，集思广益。

2013 年 4 月 2 日，金华市教育局徐志坚局长一行来学院就教师培训情况进行调研，楼红华副局长、吴惠强处长陪同调研。学院何宝钢书记、申屠江平院长、陈志沛纪委书记及金华市幼教中心的领导姜华敏等做了相关情况的汇报。最后，徐局长对学院培训工作做出了重要的指示，要求学院把教师培训工作提到学院工作的重要议事日程上来，把大规模地培训教师、大幅度地提高培训质量作为学院重要的、战略性的任务。要深入学校、深入教师，根据教师的需求开设多层次、多规格的培训班，为教师的成长服务；要引进先进的教育理念，提高培训的层次，增强培训的针对性和实效性；要创新培训内容、培训方法，增强培训的吸引力和活力。

2013 年 4 月 18 日，在东阳市教师进修学校召开了金华市师干训工作年度会议，重点交流了各县（市、区）2012 年的培训工作经验、做法以及 2013 年培训工作的思路，并就如何抓好 2013 年的培训工作进行了研究与部署。

2013 年 5 月 9 日，召开浙江省重点培训项目申报负责人会议，以进一步扩大学院的知名度，提高学院的培训层次。

2013 年 5 月 17 日，浙江省教育厅师范处陈伟光副处长来学院讲学，就进一步把握当前教师教育发展趋势，进一步做好省重点培训项目的开发等问题向全院的项目负责人做了一次高水平的讲座，进一步提高了学院项目负责人的培训能力。

2013 年 9 月 1 日，召开教师专业发展培训工作研讨会，金华市教育局楼红华副局长、人事处杨卫玲处长、厉衔锋副处长、申屠江平院长、高枫副院长以及全体项目负责人参加了会议。

2013 年 12 月 11 日，浙中教育论坛专题报告会在学院隆重举行，华东师范大学教务处长周彬教授做了题为"教学领导：让课堂散发教育魅力"的精彩报告。报告会由学院申屠江平院长主持，金华市教育局姜焜副局长做开班前的讲话。

2013 年 12 月 16 日，召开全体项目负责人参加的培训工作研讨会。卢晓美老师、褚伟明老师、杜祖平老师分别介绍了他们办班或参加省级培训者培训的心得体会，阮为文处长做了 2013 年培训工作总结，申屠江平院长做了重要的指导性讲话。

2013 年 12 月 21 日至 23 日，组织全体项目负责人到丽水云和教师进修学校参观学习，听取了云和县教师进修学校周军校长有关云和县教师专业发展培训的经验介绍，听取了温州教师教育院副院长、特级教师谷定珍的题为"教育的本真"的专题讲座，查看了云和县教师培训工作的档案材料，并与云和教师进修学校的教师就教师培训工作进行了认真的座谈交流，取得了较大的收获。

2013 年 11 月，组织金华市直书记赴浙江大学培训。

2013 年 11 月，组织金华市名师赴四川大学培训。

2013 年，成功申办浙江省教育厅重点培训项目二个（4 个班）：徐高虹负责的浙江省幼儿园园长培训班 2 个，阮为文负责的浙江省小学骨干校长培训班 2 个。

2014 年

2014 年 3 月 4 日，浙江省师干训中心周中山副主任、魏建刚、姚安娣、宋宁宁等一行人来学院就"十三五"教师培训应如何开展进行调研。学院何宝钢书记、胡吉省院长、吴惠强副院长以及各县（市、区）教师进修学校校长参加了调研座谈。

2014 年 3 月 5 日，召开金华市级指令性培训工作会议，研究部署开展金华市深化改革第一期指令性培训相关工作。

2014 年 3 月 17 日，浙江省教育厅丁天乐副厅长、浙江省教育厅师范处庄华洁处长以及浙江省教育厅人事处的领导一行来金华市就教师流动以及教师培训工作开展调研。

2014 年 3 月 25 日，召开项目负责人会议，部署 2014 年上半年教师专业发展培训工作。学院分管副院长吴惠强做重要讲话，他指出，要构建全覆盖、高效益、开放式的教师教育新体系；要开展优秀培训师、精品培训项目的评比；要争取出一批培训教材；要与推出金华的品牌学校相结合，与项目负责人、培训教师的专业成长相结合，与学院的发展相结合。吴副院长的讲话为学院培训工作指明了方向。

2014 年 3 月 27 日，金华市教育局出台了《关于进一步加强中小学教师培训质量管理工作的通知》（金市教人〔2014〕20 号）文件。

2014 年 4 月 3 日，在学院召开了金华市师干训工作年度会议，重点交流了各县（市、区）2013 年培训工作特色与亮点、2014 年培训工作的打算，研究部署了 2014 年的培训工作。

2014 年 5 月 13 日，浙江省教师培训中心刘力副主任来学院就"十三五"培训工作进行调研，吴惠强副院长、阮为文、褚伟明、陈文兵、周颖华、茅珠芳等参加了调研座谈。

2014 年 6 月 13 日，召开浙江省重点培训项目负责人会议，研究部署省重点培训项目的实施工作。会议要求大家高度重视省重点培训项目的实施工作，高层次、高水平、高质量地办好省重点培训项目。

2014 年 11 月 12 日至 13 日，浙江省质量监控中心专家组成员由周中山副主任带队来学院进行教师培训情况检查。查看了学院有关培训的规章制度、培训项目档案，召开了教师座谈会，全面了解了教师培训情况。检查结束后，对学院培训情况进行了反馈，充分肯定了学院的培训工作所取得的成绩。

2014 年 11 月 13—14 日，金华市教育局由徐志建局长亲自带队，组织各县（市、区）教育局分管局长及部分中小学骨干校长共 50 余人到上海市闵行区蔷薇小学、上海市长宁区天山一小、上海市普陀区江宁学校、上海市甘泉外国语学校考察学校文化建设。考察进一步推动了金华市校园文化建设向"一校一品"发展的步伐。

2014 年 12 月 9 日，召开项目负责人培训经验交流会议，严燕飞、陈文兵分别介绍了他（她）们参加国培项目的学习体会，阮为文做了 2014 年培训情况的总结。会议还邀请浙江师范大学成教院周跃良教授介绍了我省"十三五"教师培训的一些新动向。最后，吴惠强副院长、胡吉省院长做总结性讲话。

2014 年 12 月 12 日，浙中教育论坛"课堂教学改革"专题报告会在学院举行，南京师范大学博士生导师吴永军做了"课堂教学改革的国际视野"的专题报告，嘉兴市南湖区教育研究中心主任、特级教师朱德江介绍了南湖区"基于学习力发展的学与教方式变革"的实践经验。全市中小学校长 500 余人参加了报告会。

2014 年 12 月 19 日至 20 日，浙江省设区市师干训工作会议在学院举行，浙江省教育厅丁天乐副厅长、师范处庄华洁处长、牟凌刚副处长，省教育行政干部培训中心金运城主任、刘力副主任、周中山副主任、吴卫东副主任以及设区市培训机构负责人共 50 余人参加了会议。会议交流了各地（市）2014 年培训工作的特色与亮点，研讨了《浙江省"十三五"期间深化教师培训制度改革》草案，部署了全省 2015 年师干训工作。在此次会议上，学院还播放了学院专门为此次培训录制的培训专题纪录片。

2014 年 12 月 26 日，召开项目负责人会议，请各分院、处室推荐的学院优秀培训师及精品项目负责人每人做 10 分钟的情况介绍，并进行了民主测评。

2014 年 12 月 29 日，召开走进浙中名校项目负责人会议，交流其做法和体会，部署 2015 年上半年走进浙中名校系列培训项目工作。

2014 年，成立了金华市中小学（幼儿园）教师培训质量监控中心，由金华市教育局分管领导任主任，学院分管院长和市教育局人事处长任副主任，各县（市）培训机构负责人为成员的领导小组，负责对全市教师培训机构及其实施的培训项目质量的监控。

2015 年

2015 年 1 月 15 日，由吴惠强副院长带队，学院一行 5 人到杭州市江干区采荷二小参加"基于电子书包的课堂教学变革"研讨活动，以推进教育技术与课堂教学的深度融合。

2015 年 1 月 26 日，召开了题为"探寻培训规律，分享培训智慧"的全院项目负责人参加的培训工作经验交流会，被推荐为学院优秀培训师及培训精品项目的负责人共 15 人分别介绍了自己的培训心得体会，并进行了测评。

2015 年 1 月 29 日至 31 日，金华市中小学教师培训质量监控中心分三组对全市各培训机构进行了 2014 年培训质量检查，先听取培训机构 2014 年培训情况汇报，然后检查培训档案材料，再召开教师座谈会，了解教师对培训机构的反映，最后，进行综合反馈，以进一步促进培训质量的提高。

2015 年 3 月 9 日，婺城区副区长兼婺城区教育局局长李唯来学院座谈，就进一步抓好婺城区的教师培训工作，加强与学院的合作等情况深入交换了意见。

2015 年 3 月 16 日，召开相关部门负责人会议，研究部署金华市第二期指令性培训相关工作。

2015 年 3 月 22 日，召开项目负责人会议，表彰了学院首届优秀培训师以及精品培训项目获得者，并颁发了奖状。同时对 2015 年上半年教师培训相关工作进行了部署。

2015 年 4 月 8 日，金华市直属学校（单位）2014 年教师专业发展培训考核评比工作在艾青中学举行，各单位交流了 2014 年教师专业发展培训的特色与亮点，对上交的材料进行了核查，并进行了市直属年度培训先进单位评比。

2015 年 5 月 14 日，为了学习上海"基于信息技术的课堂教学改革"的先进经验，推进金华市中小学信息技术与课堂教学的深度融合，由吴惠强副院长带队，学院一行 5 人到上海市闵行区七宝三中参加"数字化环境下学科探究性学习的实践研究"研讨活动。

2015 年 5 月 22 日，浙中教育论坛"金华市学校章程建设专题"培训会在学院举行，教育部学校章程建设研究员陈立鹏做了"加强学校章程建设的几点思考"的讲座。

2015 年 6 月 16 日，金华市中小学"深化改革"第二期指令性培训"数字化课堂"培训班在学院举行，金华市教育局徐志坚局长、金华教育学院何宝钢书记、胡吉省院长、金华市信息技术中心沈才有主任参加了开班典礼，徐志坚局长在开班典礼上做了重要讲话。

2015 年 6 月 17 日，上海市知名校长，上海市蔷薇小学沈珺校长来学院做"互联网＋教育"的专题讲座，详细介绍了上海市蔷薇小学在教育信息化方面所取得的成就，以及他们实施教育信息化的理念、操作模式、实践反思等。

2015 年 6 月 23 日，召开项目负责人参加的培训工作交流研讨会，部分项目负责人在会上做了经验介绍与分享。吴惠强副院长在会上做了专业引领性的总结讲话。

2015 年 7 月 7 日，学院召开暑期有培训任务的培训班项目负责人会议，要求各项目负责人认认真真、扎扎实实抓好暑期的教师培训工作，保质保量完成暑期的培训任务。

2015 年 7 月 14 日，金华市深化义务教育课程改革培训在学院举行，浙江省教育厅教研室张丰副主任做了题为"深化义务教育课程改革指导意见解读"的讲座。

2015 年 8 月 9 日，新疆阿克苏地区库车·宁波双语培训中心一行 4 位领导来学院进行交流。学院胡吉省院长、吴惠强副院长、干训处阮为文处长参加了交流活动。

2015年8月10日至14日，金华市教育局组织金华市教育局机关科级以上干部、金华市直属学校党政一把手、三个区教育局的领导赴厦门大学进行培训。

2015年8月25日，金华市师德师风报告会在艾青中学隆重举行，报告会邀请原杭州市学军中学校长陈立群做了《教育的智慧与境界》的主题报告，邀请金华市纪委书记周红德做了党风廉政建设的报告。

2015年9月8日，浙江省初中培训者培训班开班典礼在学院举行，何宝钢书记出席了开班典礼并做了热情洋溢的讲话。

2015年9月14日至15日，胡吉省院长率金华市县两级培训机构负责人一行20人奔赴嘉兴，与嘉兴教育学院领导及嘉善县教育教研培训中心的同仁们一起学习交流教师培训工作。

2015年9月17日，浙中教育论坛学校文化建设主题报告会在金华教育学院举行，报告会邀请了国家督学、上海市人民政府督导室主任杨国顺教授做了题为"从人文思想看学校内涵发展"的主题报告。

2015年9月18日，由学院承办的义乌市小学校长学校文化建设培训班开班典礼在义乌市教育研修院隆重举行，义乌市教育局副局长葛晓明、义乌教育研修院副院长王康参加了开班典礼。浙江省教师培训中心常务副主任刘力教授做了首场报告。这是学院第一个通过公开招标的方式获得的义乌市教师培训项目，进一步拓宽了学院的培训范围，提高了学院培训的影响力。

2015年9月23日，金华市中小学学校章程建设推进会在学院隆重举行。金华市教育局楼红华副局长、学院胡吉省院长、吴惠强副院长参加了推进会。会议由金华市教育局督导室方顺庆主任主持。金东区教育局、东阳市横店小学教育集团、金华一中、永康市古山中学、婺城区北苑小学等单位介绍了他们在学校章程建设方面的做法与经验。

2015年9月28日，金华市师干训先进集体联评工作会议在学院召开。各县（市、区）介绍了"十二五"期间培训工作的特色与亮点，然后经过投票联评，决定推荐东阳教师进修学校、武义继续教育中心、兰溪市教师进修学校为浙江省"十二五"师干训先进集体参加浙江省联评。

2015年10月13日，中央组织部、教育部组织的金华市部分学校书记、校长工作座谈会在金华市东苑小学举行，教育部领导毛亚庆、刘涛、许涛，浙江省教育厅领导励如孟、牟凌刚等，金华市教育局徐志坚、杨卫玲等领导及各县（市、区）部分校长参加了座谈会。座谈的主题是中小学书记、校长的管理。

2015年10月26日至27日，浙江省教师培训中心领导一行到武义县继续教育中心、东阳市教师进修学校、兰溪市教师进修学校这三所被推荐为"十二五"师干训工作先进集体的单位进行评比核查。

2015年11月4日，召开九年级教师培训相关工作会议，决定与金华市教育局教研室合作，将九年级复习研讨会与培训相结合，纳入教师培训管理平台统一管理。各分院的院长及相关项目负责人参加了会议。

2015年11月20日，《都市快报》记者来学院采访培训工作，先后采访了吴克强老师、茅珠芳老师、蒋梅兰老师、阮为文老师和褚伟明老师。

2015年11月23日，温州鹿城区进修学校领导来学院检查培训工作。

2015年12月17日，根据《浙江省中小学教师培训中心关于公布浙江省"十二五"师干训先进集体和个人评选结果的通知》（浙师训〔2015〕46号）文件，学院被评为浙江省"十二五"师干训先进集体，褚伟明、杜祖平被评为浙江省师干训先进个人。

2015年12月25日，学院召开项目负责人会议，总结交流了2015年的培训工作。吴惠强副院长做了总结性讲话，要求各项目负责人转变观念，遵循规矩，提高质量，协调发展。最后，胡吉省院长做了讲话，希望老师们再接再厉，争取2016年取得更大的成绩。

第五章 十年培训制度

第一节 校长培训制度

金华教育学院"十二五"中小学校长任职资格培训学员
管理考核办法

为了加强金华市"十二五"期间中小学校长任职资格培训的管理，调动学员参与培训各项活动的积极性，提高培训质量，特制定本办法。具体内容如下：

一、考勤（理论培训部分。满分40分）

1.旷课半天扣4分；

2.缺课半天扣1分；

3.迟到、早退每次扣0.5分；

考勤采用扣分制，直到扣完为止；旷、缺课超过总学时1/3者，取消学员资格。

二、作业（40分）

1.积极开展读书活动。培训期间，要求认真通读"全国中小学校长任职资格培训教材"一遍，精读2本，并上交心得体会2份。其中组织校长读书沙龙一次。8分

2.名校参观后提交一份学校管理反思性报告。8分

3. 完成各门课程的学习与考试，成绩合格以上。8分

4. 管理见习后，完成一份学校管理诊断报告。8分

5. 培训结束后，完成结业论文一篇。8分

6. 参加外省考察的，考察结束后一个月内，完成教育考察报告一篇。

注：每项作业成绩分优、良、合格、不合格4个等级，根据作业质量分别计分。

三、实践（20分）

1. 积极参加实践活动，出全勤。缺、旷课扣分方法与条款"一"同。10分

2. 完成实践培训规定的作业（学校管理反思性报告、学校管理诊断报告等）。10分

四、附加分

1. 代表小组发言，每次加2分。

2. 培训期间为班级活动做出贡献根据具体情况加1—3分。

五、考核结果

1. 实践考核不合格者，不予结业；旷课一天、缺课超过1/3者，不予结业；实践考核合格、考勤合格且考核成绩达到60分及以上者给予结业，发放结业证书；考核成绩在60分以下者，不予结业；考核合格者，根据考核总分，各班取前10%学员评为优秀学员（优秀学员考核成绩必须在80分以上，宁缺毋滥）。

2. 学员继续教育学分与考核结果挂钩，未结业者不计继续教育学分。

2011年10月10日

金华教育学院中小学校长任职资格培训学员守则

为严肃培训纪律，加强培训管理，维护教学秩序，给广大培训学员营造一个良好的学习氛围，提高培训、学习效果，根据教育部《中

小学校长培训规定》和省有关校长培训的要求，特制定本守则。

一、模范遵守党和国家的政策法规，遵守学院的各项规章制度，廉洁自律，为人师表。

二、转换角色，树立"学生角色"的自我意识，尊重教师，树立谦逊、勤奋、严谨、求实、创新的良好学风。

三、遵守上课时间，提前10分钟进入教室，不迟到，不早退，不缺席，不旷课。凡特殊情况需请假者（不论私假或公假），自觉办理请假手续，经批准后方可离校。

四、遵守课堂纪律，保持课堂安静，不在课堂上自由出入，教室内不吸烟，自觉关闭手机，做到不接打电话，不会客，不得影响他人学习与课堂教学。

五、努力学习，认真听课做笔记。积极参加课堂讨论、小组学习和全班经验交流。自觉完成各专题学习任务，积极参加教育管理实践和教育考察学习活动。按时、高质量地完成毕业调研报告或撰写结业论文。

六、集体观念强，自觉参加班集体和学习小组的公共活动，不无故缺席。

七、不得参与赌博、聚众闹事、迷信等活动，维护班集体的团结和稳定。

八、保持教室、宿舍的清洁卫生，严禁随地吐痰、乱扔纸屑等杂物，远离不文明陋习。

九、爱护公共财物和教学设施，损坏或丢失按有关规定赔偿。

2011 年 10 月 10 日

第二节　教师培训制度

中小学教师继续教育组班教师（班主任）职责与要求

组班教师是主题培训的策划者（设计者）、组织者、实施者和管理者。组班教师的角色应定位为以培训专家为主以学科专家为辅的"双料"专家。

一、组班教师的工作职责

1. 制定主题计划（主题的标题、时间内容安排、拟聘请的主讲教师、听课学校、研讨安排、对学员的要求等）。

2. 积极开发培训资源，聘请好主讲教师，准备好培训资料（包括文本资料、音响资料等）。

3. 培训开始前，检查教室的设备、灯光等基本情况，如有问题应与有关部门取得联系，予以解决。

4. 学员报到当日到干训处领取有关材料，并做好参训学员的接待工作。

5. 认真做好培训期间的管理工作。对学员的考勤，每天上午下午至少各进行一次，并做到公正、严格、实事求是；关心学员的学习和生活，做好协调、服务工作；督促学员及时缴纳培训费。

6. 全过程参与培训工作，包括参与听课、组织交流研讨、了解学员的培训需求、主动与学员交流互动、做好培训效果的问卷调查等。

7. 按要求做好点名册、面授安排表、问卷调查表、学员缴费情况表等材料的填写与整理工作，并及时交干训处。

二、对组班教师的要求

1. 热爱教师继续教育工作，认真积极做好继续教育的组班工作，不断提高组班质量。

2. 加强学习，熟悉教师继续教育政策及要求，关注基础教育的改革与发展。

3. 熟悉中小学一线教师的教育、教学、管理工作，重心下移。

4. 不断提高自身的素质，提高自己的教育教学能力和水平，使之适应高要求的培训工作（要把组班的过程不仅当作完成工作任务的过程，更应视为自己学习、研究、提高的过程）。

5. 不断进行总结、反思，重视对教师培训工作的研究，探索培训的内在规律，提高培训质量，并逐步形成自己的培训特色。

2006 年 6 月

"领雁工程"培训组班教师工作职责

组班教师是学科培训项目负责人。为加强"领雁工程"培训班学员的管理，确保培训质量，加强组班教师工作责任心，增强服务意识，特制定组班教师岗位职责如下：

1. 认真研读省师干训中心的学科培训指导性方案，领会其精神，适当开展一些调研，了解学员的需求。

2. 制定整体培训方案和实践培训方案。

3. 安排好为期二个月的培训课程表。

4. 做好培训期间的管理和服务工作：

（1）加强人文修养，树立服务意识，关心每位学员培训期间的学习与生活。

（2）做好学员的报到、注册、学习资料的发放工作，发现未报到的学员及时电话联系，查明原因，并告之干训处。

（3）健全班级组织，备齐学员花名册，适当开展一些班级活动。

（4）严格考勤，培训期间上午、下午各点两次名，对迟到、早退、缺课的要有明确记录。

（5）负责做好学员的政治思想教育工作以及安全教育，督促学员自觉遵守各项规章制度。处理好培训期间产生的各种矛盾问题。

（6）做好外聘教师的迎来送往以及课酬的支付工作。

（7）与学员一道全程参与培训，做好培训内容的详细记录，并为上课教师提供相应的教学服务。

（8）做好培训期间学员每天就餐的人数核实与签字工作。

（9）做好培训期间学员每天住宿的核实与签字工作。

（10）落实实践培训学校、聘请好实践培训导师。

（11）收缴学员应完成的各种培训作业。

（12）安排好学员的论文答辩的相关工作。

（13）做好培训期间拍集体照的组织工作以及照片后面一一对应的姓名确认工作。

（14）做好结业证书上姓名、性别与照片的校对及照片的粘贴工作。

（15）指导学员做好结业鉴定表的填写，及时收缴。

（16）培训结束前，做好学员对培训满意度的测评及对培训工作的反馈工作。

（17）认真做好培训的总结工作。

5.做好培训结束后相关材料的整理与上交工作。上交的材料有：

（1）整体培训方案。

（2）实践培训方案。

（3）点名册。

（4）论文答辩安排及记录单。

（5）课程表。

（6）培训总结。

（7）结业鉴定表。

6.及时总结并反思培训工作，不断提高培训质量。

2008 年 9 月

金华市"领雁工程"实践基地和实践指导教师职责

实践环节是领雁工程质量保障的关键。各实践基地和实践指导教师应当高度负责，保质保量地完成领雁工程省市级骨干培训的任务。

一、实践学校职责

1. 建立领雁工程实践环节领导机构，责任到人。

2. 负责组建基地领雁工程实践指导教师团队，为导师团队提供工作上的便利，保障实践导师团队的工作质量。

3. 组织安排学员的日常管理和考核。严格要求学员，从过程和成果两个方面对学员进行客观公正的考核。

4. 负责联系、安排领雁工程学员的食宿事务。食宿地点的落实应尽可能方便学员的活动。

二、实践指导教师职责

1. 带头执行师德规范，用高尚的师德为青年教师做出示范。

2. 实践培训期间指导受训教师制订教学工作计划，课前做到每个教案必须查看指导，为受训教师提供教育理论和教学信息资料。

3. 实践培训期间指导受训教师诊断课不少于 6 节，指导受训教师上汇报课不少于 2 节。

4. 指导受训教师的教学、教研、学习和其他教研活动，对受训教师做出鉴定。

5. 严格执行请假制度，把好学生请假关。

2010 年 9 月 8 日

教师专业发展培训相关部门的主要工作职责

教师专业发展培训是学院的重点工作，为了明确分工与职责，特制定相关部门主要工作职责如下：

一、干训处

1. 负责编制年度培训总体方案，制定年度培训计划。

2. 负责实施金华市教育局下达的指令性培训任务。

3. 分二次（上半年、下半年）组织教师制定项目培训方案。

4. 负责教师提交培训方案的初审、报批、在省平台上发布、组织报名、审核指导等工作。

5. 负责制定培训工作流程及相关的规章制度。

6. 负责对各培训项目执行情况的检查与考核。

7. 负责对培训工作的协调、指导、质量评价。

8. 负责对教师专业发展培训学分的管理和确认。

9. 负责对教师专业发展培训项目收入及各项支出的审核。

二、人文、理工分院

1. 负责组织教师开展项目制培训的市场调研、需求分析、培训方案编制工作。

2. 组织开展培训方案的研讨、论证、立项工作。

3. 负责各培训项目的实施工作，确保培训管理服务的各项工作到位，保障并提高培训质量。

4. 开展分院内培训工作研究总结、经验交流，改进提升、优案推广。

5. 督促教师于培训前及时在省平台上发布培训电子通知书，培训结束后及时录入学员的培训成绩，了解在省平台上参训学员对该项目的评价结果。

三、后勤处

1. 负责做好培训资料（主要是笔、笔记本、资料袋等）的采购工作。

2. 负责培训学员的收费工作，及时收取学员的培训费用。

3. 负责做好学员食堂就餐卡的发放、就餐供应、就餐卡余额的退还工作。

4. 负责教室等培训场地的卫生打扫及开关门工作。

5. 负责教室内的开水供应。

6. 保障教学用电。

四、保卫处

1. 负责学员车辆停放的引导工作。

2. 负责安全保卫工作。

五、理工分院计算机设备维护部门

1. 负责多媒体教学平台、公用手提电脑的维护工作。

2. 负责处理在培训教学过程中多媒体教学平台（手提电脑）的故障排除工作。

2012 年 2 月 27 日

教师专业发展培训管理工作流程及要求

为了规范教师专业发展培训工作，保障并提高培训质量，特制定本规定。

一、培训工作流程

需求调查→确定主题→编制方案→方案上报→主管审批→平台公布→学员报名→学校审核→培训机构审核→名单下载→寄发通知（同时在平台上发布电子通知书）→组织培训→成绩录入→撰写总结→材料归档。

二、项目负责人主要工作

项目负责人（组班教师）是项目（主题）培训的设计者、组织者、实施者和管理者。项目负责人的角色定位应该是以培训专家为主以学科专家为辅的"双料"专家。其主要工作职责如下：

（一）培训前：抓好项目的研发及各项准备工作。

1. 认真做好教师培训需求的市场调研工作，在调研的基础上，确定培训的主题。

2. 通过团队（教研组）的研讨，撰写好培训项目计划书。项目计划书中的内容要完整、格式要规范、培训安排要基本落实。培训的总体安排要有序。

3. 培训前两周，寄发培训通知书，要求有回执。同时在省平台上发布电子通知书。

4. 培训前一周，基本确定参训人数。未确定的，通过电话联系确定是否参加，动员参训。

5.培训前三天，制定好项目培训实施计划书，落实好培训的有关工作，并将计划书上交干训处。

6.培训前一天，给所有的参训人员群发培训短消息。编制好收费名册交财务科，联系落实好收费工作。

7.编制好点名册、课表、作息时间表，明确上课地点。

8.做好培训教材、资料、食堂就餐卡（券）的准备工作。

9.落实好住宿、餐饮、培训场地、音响、实践学校。

10.在学员来本院面授前一天写好报到须知，明确交费、面授地点，准备简要的引导示意图。

（二）培训中：抓好培训的管理及各项服务工作。

1.制作好内容包括欢迎词、课表、作息时间安排的PPT文件。举行简短的开班仪式。

2.做好培训的考勤工作，维护好培训课堂纪律。

3.做好授课教师的迎来送往等接待工作。

4.若在宾馆培训的，做好住宿、餐饮的管理工作，做到节约开支，不铺张浪费。

5.若是活动课程、研讨课、计算机操作课、实验操作课，做好活动的各项组织管理和实践操作指导工作。

6.若是实践培训课程，做好实践培训学校、导师、时间安排等联系管理的各项工作。

7.若有外出教育考察、参观学习，要做好外出考察学习的申请报批手续（市教育局审批），并与正规的车辆出租公司联系，落实好交通工具。在确保学员的交通安全的前提下，本着厉行节约的原则，尽量节约开支。

8.做好与学员的沟通与交流工作，及时解决学员在培训中反映的问题，改进学员提出的建设性意见。

9.做好下一学期培训项目的需求调查和规划方案的推介工作。

10.培训结束时，组织部分学员填写对培训方案和教学质量的反馈表，了解学员对培训管理服务的意见和建议，上交干训处。

11. 拍摄培训期间的活动照片，在培训结束后两天内上交一篇培训专题报道，发布到学院的网站上。

12. 做好参训学员缴费的核对工作，督促学员 100% 及时缴费。

（三）培训后：抓好总结及各项扫尾工作。

1. 做好学员的培训成绩考核评定工作。分优秀、合格、不合格、未报到、请假五种情况。

2. 培训结束后的一周内，登录省平台，在省平台上做好参训学员的成绩录入工作。同时做好培训经费的报销、结算工作。

3. 培训结束后的一月内，做好培训项目的总结、资料整理工作。将总结的电子版、培训通知书、培训学员点名册、面授安排表、问卷调查表、学员缴费情况核对表、经费结算表等材料交干训处联络员。

三、要求

1. 教师要树立以教师专业发展培训质量第一的办学理念，强化为学院争创教师专业发展培训品牌的意识。

2. 各项目负责人及各职能部门的工作人员要牢固树立以学员为本的服务理念，想参训老师所想，忧参训老师所忧，急参训老师所急。

3. 全体教师均应参与到教师专业发展培训的项目开发、方案研讨、项目实施、组织管理、培训服务等工作中来，在不断提高教师专业发展培训质量的同时，提升自我工作能力和水平。

4. 全体教师要在教师专业发展培训的管理服务、教学质量、社会效益、经济效益上集思广益、群策群力，为学院的振兴和持续发展献计献策、做出贡献。

2012 年 2 月 27 日

教师专业发展培训项目考核评价方案

干训处总体负责对培训项目负责人（组班教师）、授课教师的教学质量、培训管理服务等方面进行考核，采用联络员制的管理模式，在培训前、培训中、培训后的整个过程进行联络和督促。

项目负责人全面负责项目培训工作，对项目的实施及本班学员的参训过程进行全程跟踪和管理服务。

项目负责人的项目培训工作考核主要内容如下：

一、培训常规工作：（第1—12项每项工作按时完成，计5分；第13项，按时完成计10分。不按时完成酌情扣分，总分70分）

1. 培训前2周，寄发培训通知书，要求有回执。并在省平台上发布电子通知书。

2. 培训前一周，基本确定参训人数。未确定的，通过电话联系确定是否参加，动员参训。

3. 培训前3天，上交培训实施计划书。

4. 培训前一天，给所有的参训人员群发培训短消息。编制好收费名册交财务科。

5. 编制好点名册，做好分发给学员的资料的准备工作。

6. 落实好住宿、饮食、培训场地（计算机室、理化生实验室）、音响、实践学校等。

7. 做好培训的考勤工作。

8. 组织部分学员填写培训反馈表。

9. 培训活动过程中无安全责任事故。

10. 拍摄培训期间的活动照片，培训结束后两天内上交一篇培训专题报道，发布到学院的网站上。

11. 培训结束后的一周内，登录省平台，在省平台上做好参训学员的成绩录入工作。

12. 培训结束后的一周内，与学院财务结清培训费用。

13. 培训结束后的一月内，做好培训项目的总结、资料整理工作。将总结的电子版、培训学员点名册、面授安排表、问卷调查表、学员缴费情况核对表、经费结算表等材料交干训处。

二、培训质量：30分

1. 培训工作按在省平台上公布的计划执行，不打折扣。10分。

2. 学员反馈满意度在 85% 以上，记 20 分，70%—85%，记 15 分，60%—75%，记 10 分。60% 以下记 0 分。

2012 年 2 月 27 日

金华教育学院中小学教师专业发展培训学员守则

1. 自觉遵守《中小学教师职业道德规范》。

2. 自觉遵守培训学校的各项规章制度。积极参加培训班内组织的各项活动。

3. 严格遵守作息时间，按时参加培训，不迟到，不早退，不无故缺席。

4. 培训期间原则上不准请假，如遇特殊情况确需请假，需经相关部门批准。在培训期间缺课时数累计达到教学总时数四分之一者，不予结业。

5. 参训时认真听课，做好笔记，积极参加活动课、研讨课的活动，按时完成培训作业，保质保量完成培训任务。

6. 上课期间，学员不得在教室内随意走动、走出教室；将手机调成振动或关机，不得在课堂上接打电话；不得在课堂上谈话及做与听课无关的事务；不得在教室内吸烟。

7. 进入理化生实验室、电脑室、语音室，对号入座，严格按规定程序操作。

8. 不酗酒、不赌博、不无端滋事；不穿拖鞋、背心进课堂；衣着整洁、仪表端庄、语言文明。

9. 讲究卫生，不得在校园内乱扔果皮纸屑和污染学院环境的杂物、自觉保持公共场所清洁。

10. 爱护公物，若损坏公物需照价赔偿。安全用电，节约用水，爱护花草树木。放学后请学员关好门窗。

11. 提高安全意识，注意交通安全、人身安全和财物安全，车辆进出学院听从保安指挥，车辆停放要服从管理人员的安排，做到有礼、有序，千万不可堵塞车辆出入的通道。

中小学教师专业发展培训学籍管理规定

为加强对中小学教师专业发展培训的规范化、制度化、科学化管理，保证培训的正常教学秩序和教学质量，特制定中小学教师专业发展培训学籍管理规定。

一、入学

1.金华市中小学在职教师先在浙江省教育厅教师专业发展培训平台（以下简称为"省平台"）上在规定的时间内进行选课，经所在学校审核通过，金华教育学院审核通过后，被金华教育学院录取为中小学教师专业发展培训学员，取得学员资格。

2.按规定日期到指定地点办理报到、交费手续。无故逾期一天不报到者取消入学资格。

二、考勤

1.各类培训班学员，必须按时参加培训学习，不迟到，不早退，不旷课。因特殊原因，不能按时参加学习必须事先办理请假手续。公假由学校出具证明，病假市区需由区级（县里由乡镇）以上医院出具病历和建休证明，否则按旷课处理。取得入学资格后又无故不参加培训的学员将在省平台上留下不诚信的记录。

2.组班教师负责对学员在培训期间进行考勤，未经请假或经请假未经批准而擅自不出勤者以旷课论。考勤结果由学院作永久性档案保存。如果缺课时间超过该培训项目总学时四分之一的，视为该课程考核不及格，不能取得培训学时。

三、考核

1.学员必须参加培训课程的考核（考试、考查或作业），不参加考核或考核成绩不及格者，不记培训学时。

2.学员必须认真听课，做好笔记，积极发言勤动脑，认真完成任课教师布置的作业。学员的学习态度（考勤、平时作业）作为平时成绩，占结业成绩的 50%，考核成绩占结业成绩的 50%（平时成绩由班主任和任课教师根据学员上课、作业、出勤的实际情况评定）。

3.组班教师根据学员的出勤率及考核成绩，确定学员的培训综合成绩。综合成绩分三档：优秀、及格、不及格。并于培训结束后的一周内，将参训教师的考核结果录入省平台。

4.学员可以在培训结束后登入省平台查看自己的培训学时及成绩，并可以在省平台上对该项目的培训满意度进行评价。

四、学时

根据省平台的程序设计，教师参加培训学习，其录入省平台的培训综合成绩为优秀、合格者，其学时自动生成为满学时。如果录入的综合成绩为不及格的，其学时自动生成为 0 学时。

五、附则

本规定自 2012 年 3 月 1 日起执行，本规定解释权归金华教育教育学干训处。

2012 年 2 月 20 日

关于加强教师专业发展培训出勤、纪律教育及管理的若干意见

各项目负责人：

为了加强对学员参加教师专业发展培训的纪律、出勤的教育与管理，提高学员对培训的参与度，提高培训的质量，现就学员培训期间的出勤及纪律教育与管理提出如下意见，请认真执行。

一、认真执行"金华教育学院中小学教师专业发展培训学籍管理规定"。

二、加强对培训班学员的纪律教育。每个培训班开班时，要求组织学员学习"金华教育学院中小学教师专业发展培训学籍管理规定"，向学员讲明省平台培训考核要求，向学员提出本期培训班的培训要求，特别是请假的流程及要求。

三、每个培训班结束时，项目负责人对本项目培训中考核不合格的学员除录入省平台外，及时上报干训处，并由干训处函告所在的学校。

四、加大对培训班培训期的学员出勤的检查力度。干训处将组织人员对培训班学员的出勤情况进行检查，适时将对检查结果进行公布。

金华教育学院干训处

2012 年 2 月 21 日

附：巡查登记表

值班日期	年　　月　　日（星期　　）		值班人		
一、培训情况记录					
培训班别	上课地点	应到人数	实到人数	检查时间	项目负责人
二、培训中好的做法、存在问题及建议					

干训处巡查值班人员主要工作职责：

1. 对教师专业发展培训班进行检查和管理，每天至少检查一次，做好记录，并拍照留存。

2. 善于发现培训中的先进典型及存在的主要问题，及时记录、反馈与汇报。

3. 协调处理培训期间的有关问题。

巡查值班安排

星期	值班人
星期一	阮为文
星期二	褚伟明
星期三	饶旭华
星期四	陈永龙
星期五	徐建华

金华市中小学教师继续教育校本培训管理方案

一、校本培训管理的理念

1.指导性。培训管理以坚持国家教育方针、学校的培养目标为导向开展工作，并通过检查督导发现问题，分析研究问题，帮助和指导校本培训中待解决的问题。

2.激励性。通过培训管理工作的开展，调动激发各学校和参训教师参与培训的积极性。

3.人本性。培训要以实现每一个教师的专业发展为中心，通过培训管理充分激发教师专业发展的内驱力。培训是基于教师发展需要的，要考虑不同层次教师的需要。

4.服务性。校本培训管理要确立服务学校、服务教师意识，切实为学校校本培训做好服务、联合、统整的工作。

5.科学性。建立一整套规范的管理机制，建立系统有成效的管理制度，有层次性和操作性强的评价机制。

二、校本培训管理的原则

1.校本培训管理宏观和微观相统一

校本培训在宏观上是政府的责任，是在教育行政部门领导下，由教师任职学校组织，以学校为基本单位开展的。校本培训管理在宏观上要由政府管理，由各级各类教师培训机构负责统筹各地区校本培训的总体规划，建立健全法规和规范；微观上，学校是校本培训的基础单位，校长是开展校本培训管理的第一责任人，学校要依托现有的职能部门或专门部门，指定专人负责校本培训，应有师资培训的规划和目标，有健全的培训组织机构和管理制度，能根据本校教师发展的需求开发校本培训内容，建立一整套审批、实施、检查、评价和反馈的制度和措施。宏观管理要针对校际差异，在政策导向、经费落实上宏观把握，多头整合。

2.学校发展需要与教师个人发展需要相统一

校本培训要从学校和教师的实际需要出发，以解决教育教学中的

"问题"或"专题"为中心。校本培训的目标与计划既要反映学校和上级主管部门的需要，又要反映社会和时代的需要，更要反映教师的需要，培训的内容应将两者有机结合起来。

3. 自我驱动与人际互动相统一

教师发展的内在机制是教师的自主性，校本培训管理的目的之一就是充分激发教师专业发展的自觉性，引导教师自主自为地遵循自己专业发展的目标、计划、途径并付诸实施，使校本培训取得成效。同时校本培训也要强调合作，将教师置身于合作研究、集体讨论等与他人交流合作的状态中，是持续提升其自身专业水平的重要途径，校本培训要启动教师个体之间、个体与群体之间以及群体与群体之间的互动机制，将自我驱动和人际互动统一起来，构成教师校本培训的动力体系。

4. 培训管理的规范性和培训实施的区别性相统一

校本培训在指导思想、组织领导、培训基本内容、教学计划、考核验收等方面要有规范的要求，以避免形式主义和浮夸。但是，不同学校的实际情况又千差万别，所以不同学校实施"校本"培训必须因校制宜，根据学校发展的基本条件，不同教师职业生涯理论和教师成长的一般规律，对于不同层次、不同类型、不同条件的学校实际，对于新教师、一般教师、骨干教师、名师等不同教师层次校本培训必须兼顾多种层次差别性，制定各自不同的学校发展目标要求和不同的教师培养培训方案。

三、校本培训的内容和形式

根据校本培训的特点和实际情况，学校应当以解决学校和教师发展的实际问题和需求为前提，围绕新课程改革，以提高教师职业道德和实施新课程的教育教学能力为重点，以学校为主体充分利用校内外课程资源，自主开发多样性的供教师研修的培训课程，作为对培训院校和机构的补充，培训的根本目的是使教师获得或提升自我发展设计与提升的能力，教学组织、教学管理、教学反思、教学设计的能力，心理健康教育的能力，教育科研的能力和现代教育技术运用的能力等各方面能力。校本培训应根据不同的培训内容运用灵活多变的形式开展。以下校本培训内容和形式可供参考和选择：

1. 教师职业道德和执教规范：教师法的学习与辅导、教师职业道德宣讲、教师执教规范评讲、优秀教师事迹演讲、"廉洁从教""文明执教"案例分析与讨论、"师德磨炼"笔记展评等。

2. 教师职业技能和教科研方法：如教师基本功训练与比赛；信息技术在学科教学中的运用讲座和演示；教师专业知识与技能考评；教研方法讲座；优秀班主任工作经验报告交流会；学生心理健康教育自学与考试、心理健康指导案例分析交流会；教学科研基本技能的专家讲座、课题研究方法案例分析等。

3. 新课程改革：如课改专家讲座；专题研修新课程理念、学生学习方式和教师教学方式的转变；各科《课程标准》学习、讨论与考试；课改先进学校考察学习；校内课改经验交流会；学科新课程教学行为反思辨析会、师生课改对话会等。

4. 教育教学科研课题研究：如各级各类课题开题会、阶段总结会、结题会；课题集体研究活动；课题研究文章展示与答辩；课题研究师生对话；课题研究成果论证与推广会等。

5. 列入培训计划的校级和校际教研活动：如有培训目的和研究专题的全校性公开课、研究课活动；跨学科的综合性教学研究活动、校级"优质施教"说课、议课、评课活动；由学校组织的教材教法研讨会、教材比较分析会；优秀教案、学案评比；"探索与反思"校级教研网络平台、有共同研究计划的校际联合教研活动等。

6. 青年教师培养：如师徒结对活动；"教坛新秀"培养计划；青年教师"爱生爱教"演讲会、"关心青年教师成长"座谈会；青年教师论坛等。

四、校本培训的组织

1. 各市（县、区）教育局切实加强领导

各市（县、区）教育局要正确认识校本培训的作用，加大宣传力度，落实校本培训经费，在技术设备、图书资料建设上加大投入；加强管理，建立继续教育校本培训督导、评估机制，将校本培训纳入校长的任职目标考核，对校本培训工作成绩优异的单位和个人予以表彰和奖励；及时总结推广先进经验，不断提高校本培训的质量和效益。

2. 市、县（市）两级培训机构做好业务管理和指导

要求各校建立以校长为第一责任人的校本管理体系，确保校本培训落到实处。金华教育学院和各县（市）教师进修学校要加强与中小学的联系，积极开发校本培训的师资资源，有的放矢地参与校本培训的过程管理，协助学校制定校本培训计划，提供训练课程和师资服务，指导和参与学校课题研究，深入中小学和课堂，形成校本培训的指导力量和研究力量。加大对各学校校本培训管理员的培训和指导力度，提高学校校本管理员的理论水平和组织实施校本培训的能力。

3. 建立以校长为第一责任人的校本培训管理体系，确保校本培训工作落到实处

学校要建立以校长为第一责任人的校本培训管理体系，建立校本培训领导小组、业务指导和考核小组，加强对校本培训的管理。学校要抓好校本培训的考勤、记录、考核、书面总结等过程管理工作，做好校本培训材料的档案管理工作。学校要采取各种鼓励措施，有效调动教师参与校本培训的积极性和主动性。

五、校本培训的制度

1. 校本培训学校资格认定制度

经金华市教师培训中心资格认定和审核，取得了校本培训资格的学校，才能开展校本培训。中小学校开展校本培训必须具备的资格条件是：

（1）领导重视，校长承担了校本培训第一责任人的责任；（2）有健全的组织管理机构和业务指导机构，有校本培训规划和年度计划，有实质性的培训内容；（3）有固定的培训场所和必要的培训设施；（4）有一定数量的经费支持；（5）有校本培训所需的师资资源；

（6）完全小学以上的中小学（教学点或完小归属中心小学培训）。

2.校本培训申报审批制度

凡开展校本培训的学校均须提交计划书报批，审批时间为每年10月份。申报校本培训须提交的材料：校本培训三年或五年规划、校本培训年度培训计划、培训课程表、校本培训管理制度。年度培训计划包括以下内容：分析本校开展校本培训的条件，确定培训的重点，明确培训的目的和要求、培训范围和对象、培训内容和形式、培训时间，培训考查和考核办法以及落实各项工作的责任人，拟聘授课教师资质介绍，提出组织管理的措施等。

学校制定年度校本培训计划和填写《金华市校本培训审批表》一式三份，高中及金华市区初中、小学报金华教育学院审核，市教育局批准；县（市）初中、小学报县（市）教师进修学校审核，县（市）教育局批准，市教育局备案。

3.校本培训档案管理制度

档案建设在校本培训管理中具有重要意义，是管理部门对学校校本培训实施情况进行考核评估的重要依据，建档的过程也是对校本培训工作的梳理过程。通过对获得的资源进行整理、加工，使知识进行重组、资源再开发，推动校本培训工作得以进一步完善。

（1）校本培训档案目录。

第一类：综合档案

①各级有关教师校本培训工作文件

②教师校本培训机构、职责、制度

③校本培训计划（校本培训五年规划、校本培训年度实施方案）

④校本培训课程资源

文本资源：年度校本培训使用的教材或校本培训自编讲义

声像资源：校本培训用的光盘、软盘等

⑤校本培训实施情况记载

每次校本培训的具体设计

每次培训活动的情况记载（包括集中培训、专题培训、学术交流、教师论坛、课题研究、听课评课、研究课展示等）

每次考试考核试卷及成绩汇总

培训活动案例

⑥校本培训师资库

校本培训师资情况一览表（包括外聘教师）

师资库人员承担教学任务情况记载

教师教学效果问卷调查

⑦教师外出培训情况

上级通知的培训情况记载

学校派出的培训情况记载

⑧教育科研成果

分年度教师教育论文集

分年度教师论文发表情况登记（附论文原件或复印件）

承担国家、省、市（县）或校级课题研究的开题、结题报告

⑨教育教学成果

分年度教学质量分析报告

分年度教师教学竞赛获奖情况及教学课件

其他教育教学成果

第二类：教师继续教育个人档案

（2）校本培训档案管理

①自 2006 年 9 月开始，学校的校本培训材料按本目录单独立卷，归入学校继续教育档案管理。

②校本培训材料每年进行一次整理归档，学校校本培训档案管理情况，作为校本培训评估和评选校本培训先进学校的重要条件之一。

③金华市教师培训中心每年对学校校本培训档案建设情况将进行一次检查，同时进行校本培训学分审核。

4.校本培训考核评估制度

为了加强对全市中小学校本培训过程管理，使全市中小学校本培训工作逐步走上科学化、规范化轨道，学院对全市中小学校本培训实施考核评估制度。即学校校本培训工作的考核评估结果作为评价校长任职绩效的重要内容，纳入校长任职考核目标体系中；教师个人培训考核评价的结果，以学分方式计入教师继续教育证书，作为教师年度考核的内容之一，与教师的职务和职称晋升挂钩。

考核评估工作要求：

（1）整个考核工作由市教师教育培训中心组织实施，一般于每年的4月份进行。

（2）对校本培训项目实施情况实行三级考核。

第一级教师考核，全体参训教师依据有关要求，进行自我评价和任教学校考核小组考核。

第二级学校考核，学校校本培训考核小组根据《校本培训项目评价量表》，对本校本年度校本培训的实施情况做出综合评价，并提出考核意见。

第三级教师培训机构考核，教师培训机构组织相关人员成立考核评估组，依据学校自评和培训档案展示的结果，通过"听、看、查、谈、评"，全面了解校本实施情况，做出考核评估意见，核定参训教师的继续教育学分。听——听学校汇报校本培训实施情况；看——看教师继续教育个人档案、校本培训实施记录；查——校本培训档案材料；谈——召开参训教师座谈会或进行实施情况意问卷调查；评——综合评估。

（3）对校本培训学校的校本实施情况实行等级评估，分为优秀、合格、不合格三个等级。

（4）教育行政部门和教师培训业务主管部门，结合校本培训考核评估结果对学校校本培训工作加以指导并提出改进措施和建议。

金华教育学院

2006年6月

金华教育学院教师专业发展培训课题（项目）立项实施细则

为了提高我院对教师专业发展培训项目的研发能力以及项目培训质量，坚持研训一体，做强教师专业发展项目制培训工作，特制定本实施细则。

1. 学院鼓励广大教师积极参与到教师专业发展中来，在调查研究的基础上开发出针对性强、高质量的培训项目。

2. 教师开发的培训项目（相同内容分若干个班的按一个项目计），凡在省教师专业发展培训管理平台中通过（即经上级教育行政主管部门审核通过），并实施成功的给予立项研发经费每项 500 元，其中省级重点培训项目申请成功，被省教育厅审核通过，给予立项经费 800 元。

3. 在项目培训实施过程中，成效显著的，给予一定的经费支持，其标准根据《金华教育学院教师专业发展培训项目制管理实施意见》中的相关规定执行。

4. 学院每半年公布一次立项的项目名单，立项名单由科研处会同干训处审核确定。

5. 项目培训结束后，提交一份项目研究实施总结（结题）报告，交科研处。

6. 项目经费的使用按照《金华教育学院科研经费管理办法》执行，列入教师专业发展培训成本。

7. 本实施细则从 2012 年 9 月 1 日起实施。

8. 本实施细则的解释权归金华教育学院科研处。

金华教育学院

2012 年 8 月 30 日

金华教育学院教师专业发展培训科研项目经费管理办法（试行）

为提高科研经费使用效率，促进科研工作健康发展，全面提升我院科研竞争力和社会服务能力，根据《关于严肃财经纪律、规范科技经费使用和加强监管的若干意见》(浙财教〔2012〕29号)、《浙江省教育厅转发教育部关于进一步贯彻执行国家科研经费政策加强高校科研经费管理的通知》(浙教高科〔2012〕16号)等有关文件要求，结合我院实际，特制定本办法。

第一条 教师专业发展培训科研经费是指从事教师专业发展培训项目研究而产生的经费，具体经费补助额度以金华教育学院教师专业发展培训科研课题经费通知为准。

第二条 教师专业发展培训项目研究经费应全额进入学院账户，由干训处、科研处管理，财务科核算，同时接受上级审计部门的审计监督。

第三条 教师专业发展培训科研项目实行项目负责人负责制。项目负责人应对科研经费使用的真实性、合法性和有效性承担直接的经济与法律责任，并自觉接受有关部门的管理和监督。项目经费报销由项目负责人审核签字，并经干训处、科研处审核，分管领导审批签字。

第四条 科研经费按项目实行编号、建卡管理。学院下达教师专业发展培训科研经费通知后，由财务科开具科研经费"到款通知单"，并为每个项目负责人办理入账建卡手续。

第五条 科研项目经费应用于与项目科研活动直接相关的各项合理支出，其开支范围一般包括：

（一）设备费：是指在项目实施过程中购置或试制专用仪器设备，对现有仪器设备进行升级改造，以及租赁使用外单位仪器设备而发生的费用。

（二）材料费：是指在项目实施过程中消耗的各种原材料、辅助材料等低值易耗品的采购及运输、装卸、整理等费用。电脑耗材、仪器修理材料等费用。

（三）测试化验加工费：是指在项目实施过程中支付给外单位（包括学校内部独立经济核算单位）的检验、测试、设计、化验及加工等费用。

（四）燃料动力费：是指在项目实施过程中相关大型仪器设备、专用科学装置等运行发生的可以单独计量的水、电、气、燃料消耗费用等。

（五）差旅费：是指在项目实施过程中开展科学实验（试验）、科学考察、业务调研、学术交流等活动所发生的外埠差旅费、市内交通费、租（包）车费（费用在 1000 元以上的，须经科研处负责人签批）。差旅费的开支标准按照国家和学校有关规定执行。

（六）会议费：是指在项目实施过程中为组织开展学术研讨、咨询以及协调研究任务等活动而发生的会议费用。举办会议前，须向科研处提出会议申请并编制经费预算，财务科按预算报销。

（七）合作（协作）研究与交流费：是指在项目实施过程中支付给国际、国内合作协作科研机构的费用，以及项目研究人员出国及外国专家来华工作而发生的费用。国际合作与交流费应当严格执行国家和学校外事经费管理的有关规定。

（八）出版/文献/信息传播/知识产权事务费：是指在项目实施过程中，需要支付的出版费、资料费（大宗图书资料需资料室登记入库后方可报销）、专用软件购买费、文献检索费、专业通信费、专利申请及其他知识产权事务等费用。

（九）劳务费：是指在项目实施过程中支付给个人的劳务性费用。纵向科研项目劳务费是指支付给直接参加项目研究人员中没有工资性收入的相关人员和临时聘用人员等的劳务性费用。科研劳务费应按照合同预算执行，严禁从项目直接费用中变相领取劳务费谋取私利。严禁以虚列人员、虚假签字方式领取劳务费谋取私利。严禁以虚假劳务派遣合同方式外拨合作费用于劳务费支出。纠正以领代支、以提代支的劳务费发放方式，确保劳务费按照项目预算和实际科研工作量据实列支。学生的劳务支出直接打入本人银行账户，临时聘用人员需提供身份证复印件并由本人签收。横向科研项目劳务费按合同预算执行。

（十）专家咨询费：是指在项目实施过程中支付给临时聘请的咨

询专家的费用及项目验收（鉴定、评审）需支付给专家的费用。专家咨询费不得支付给参与该项目研究及管理的相关工作人员，开支标准参照国家有关政策管理规定执行。

（十一）业务招待费：指科研过程中必需的业务招待费用。纵向经费、校级经费不得列支业务招待费（项目合同有专门规定的除外），横向经费按照合同列支业务招待费。

（十二）科研激励费：用于科研人员的激励费用，按照《浙江省省级科技研发和成果转化项目经费管理暂行办法》执行。

（十三）车辆维护费：指使用车辆所发生的费用。汽油费、车辆通行费、停车费可在科研经费中报销。

（十四）其他费用：是指在项目实施过程中发生的除上述费用之外的其他必要支出。

第六条 科研经费不得列支下列费用：

日用品、文体用品、食品、农副产品；旅游公司发票；汽车（摩托车）驾驶员培训费、交通违章罚款、交通事故赔款等；装潢费、装潢材料费；有线电视维护费；家电、手机、医药费；非科研用房物管费、水电费、房租费等。

第七条 加强科研项目经费管理，项目任务书或合同中约定由外单位承担一定的研究开发、试验等工作的，部分科研经费可以转入协作方，但比例不得超过总经费的30%（合同特别规定的除外）。经费转拨须提供协作合同书和经费转拨单并经科研处和干训处审核。

第八条 科研经费购置仪器设备、实验材料须按规定进行采购，并按照学校有关规定管理。严禁虚编设备购置费，或购置与项目实施无关的设备。

第九条 严禁虚编考察调研费、会议费，以考察调研或会议名义赴外地旅游度假；严禁利用假发票、假合同等虚假财务资料套取项目经费；严禁列支与本项目无关的费用，尤其是用于旅游、娱乐等与本项目研发无关的费用；严禁使用项目研发期限外的不合理发票进行报销；

严禁使用记账联和发票复印件等无效凭证进行报销；严禁与项目无关人员进行报销。

第十条 科研项目经验收（评审）结题后，应在6个月内办理结账手续。项目负责人填写项目结账表，报干训处、科研处审核，财务科办理结账手续。结余经费列入学校科研发展基金，重新建卡，由项目负责人支配，主要用于科研设备维护、人才培养、其他项目启动、研究生助研酬金等开支。

第十一条 科研处、干训处、财务科等管理部门，定期对科研项目经费的使用和管理情况进行监督检查，发现问题及时纠正，对于编造虚假项目、使用虚假票据、截留或挪用经费、套取经费、固定资产不入账、逃避税收等各类违法违纪行为，依法严肃查处。

第十二条 本办法自2012年1月1日起实施。

第十三条 本办法由科研处、干训处负责解释。